RUDOLF KEMPE

Bilder eines Lebens

Mit einem Geleitwort von Dietrich Fischer-Dieskau

Zusammenstellung und Text Cordula Kempe-Oettinger

Bildgestaltung Werner Neumeister

List Verlag München

Umschlaggestaltung: Design Team, München

ISBN 3-471-77947-7

© 1977 Paul List Verlag KG, München
Alle Rechte vorbehalten. Printed in Austria
Gesamtherstellung: Welsermühl, Wels

Inhalt

Zum Geleit

RUDOLF KEMPE gehörte zu den sehr wenigen Dirigenten deutscher Herkunft, die in den letzten Jahrzehnten internationale Ausstrahlung besaßen. Und doch ist seiner Eigenart nicht mit der Ausschließlichkeit beizukommen, die den Ruf nach dem »deutschen« Kapellmeister, nach dem nationalen Aushängeschild nicht verstummen läßt, so als seien die Schulzugehörigkeiten nicht längst wesenlos geworden. Jene Hörer und Musiker, die ihn in dem Ordner mit dem nationalen Etikett sehen wollen, wissen nicht, daß Kempe im Laufe seiner viel zu kurzen Tätigkeit gezeigt hat, wie wenig ihm die Einengung, die Spezialisierung solcher Begrifflichkeiten lag.

Damit sollen die Wurzeln nicht geleugnet werden, die er in jenem Mekka der Musik hatte, das Deutschland im vergangenen Jahrhundert mit Fug heißen durfte. Er begann seine Laufbahn in jenem Leipzig, das noch von Mendelssohns Wirken her eine Metropole der Musik in Europa darstellte. Der Oboist und Pianist Kempe hatte vielfachen Kontakt zu Karl Straube; Gewandhaus, Thomaskirche und Neues Theater waren ihm künstlerische Heimat.

Ein Künstler vom Schlage Rudolf Kempes wußte um die Traditionen und litt unter ihrer Gefährdung. Einzig in den Orchestern, in den Eigentümlichkeiten der Streicher- und Bläserspielweisen bewahren sich Spuren der ehemals deutlichen nationalen Eigenarten – sie sind im Schwinden zugunsten einer Einheitsperfektion, die auf jedem Konzertpodium und in jeder Lautsprecherbox indifferente Figur macht. Kempe, selbst mit dem Musizierstil verschiedenartigster Orchester innig vertraut, diente einer größeren Idee. Ihm, dem Können eine selbstverständliche Voraussetzung für die musikalische Existenz bedeutete, lag die Bewahrung des Künstlerischen an sich am Herzen. Er verstand darunter Verlebendigung des Notenbildes, unendliche Variabilität der Klangnuancen, die Fähigkeit, sich selbst und die Hörer immer von neuem zu überraschen und so – die Neugierde nie einschlafen zu lassen. Die scheinbare Selbstverständlichkeit solcher Ansprüche schwindet, wenn man prüft, was üblicherweise vor und in den Orchestern geschieht.

Kempe vermied mit Erfolg, was heute mehr denn je zur Gefahr wird: Übertreibung zur Hebung des Interesses einerseits, Erstarrung auf der Suche nach Schlackenlosigkeit andererseits. Freilich, so sachgerecht und nachschöpferisch zugleich, wie es Kempe gelang, seine Intentionen zu verwirklichen, ist es immer nur den Ausnahmeerscheinungen gegeben.

Rudolf Kempe sollte nicht nur als Deuter seiner Lieblinge Schumann, Brahms, Wagner oder Strauss in der Erinnerung bleiben. Die Hoffnung scheint vage, je wieder so luzide und über das Idiomatische hinausgehende Wiedergaben der Werke von Dvořák, Tschaikowsky, Schostakowitsch oder Bartók zu erleben, wie sie dank seiner Inspiration zu hören waren.

Kempe zierte ein Wesenszug, der nur wenigen Dirigenten eignet, die Bescheidenheit. Als wir das Deutsche Requiem von Brahms für Aufführung und Schallplattenaufnahme vorbereiteten, sagte er etwas, das zutiefst anrührte und deshalb im Gedächtnis blieb: »Wenn ich das nur halb so schön machen kann, wie neulich Furtwängler in Wien, bin ich glücklich.« Und dann folgte eine Wiedergabe, die zwar dem Vorbild nachgehört war, aber doch in allen Details persönlichste Prägung verriet.

Der Zauber, der allen seinen Aufführungen eigen war, teilte sich den Hörern in Amerika ebenso mit wie denen in England oder der Schweiz. Seine grazil-virtuose Zeichengebung glich in keiner Beziehung dem, was gewöhnlich unter deutschem Kapellmeistertum verstanden wird. Nicht Schwere, nicht Starre, nicht Strenge der »Mission«, nicht Zuchtrute und kein Weihepriestertum, sondern der Eindruck schwereloser Vereinigung mit Werk, Orchester und Publikum stellte sich ein.

Als ich ihm 1950 zum erstenmal begegnete, reisten wir im Flugzeug zu jeweiligem Debut an verschiedenen Aufführungsplätzen in Wien. Er hatte am folgenden Abend die »Meistersinger« in der Staatsoper zu dirigieren und hoffte auf eine Ensembleprobe am kommenden Morgen. Da es sich um einen Sonntag handelte, erschien niemand, und am Abend stand ihm ein unbekanntes Ensemble gegenüber. Die Aufführung zeigte gleichwohl alle typischen Wirkungen seiner Stabführung und hinterließ den stärksten Eindruck durch Transparenz, Unaufdringlichkeit und Rücksichtnahme auf die Grenzen der stimmlichen Tragfähigkeit bei den Sängern.

Freude am Spiel hieß eine seiner Lebensmaximen, nicht nur in der Freizeit beim Bau elek-

8

trischer Eisenbahnen. Er konnte sich diese Freude leisten, da ihm nichts Handwerkliches in seinem Beruf fremd war. Wenn, wie in unserer »Lohengrin«-Aufnahme, einmal durch Sängerhysterie und notwendige plötzliche Umbesetzung alles drunter und drüber zu gehen drohte, stand er wie ein Fels ruhiger Güte in den Wogen der Aufregung.

Kempe war kein Mann der vielen Worte – und doch drängte es ihn gegen das Ende seines Weges hin, seine Erfahrungen und Einsichten zu Papier zu bringen, sie auch im Unterricht weiterzugeben. Stand er doch der gefährlichen Entwicklung in Musikerziehung und Orchesterpflege, besonders der unorganischen Nachwuchsförderung, zutiefst besorgt gegenüber, zu schweigen von der Talsohle schöpferischer Produktion. Seine Aufzeichnungen, unwiderruflich vor der Vollendung unterbrochen, hätten Unschätzbares für junge Musiker enthalten. Dieses Buch unternimmt den Versuch, das Bild seines Lebens und Wirkens nachzuzeichnen. Möchte es in vielen Lesern durch Erinnerung und Beispiel weiterwirken.

Dietrich Fischer-Dieskau
März 1977

Vorwort

Von jeher hat Rudolf Kempe sich der Publicity entzogen – aus angeborener Scheu, und aus einem Verständnis des Interpretenberufs, dem jeder Selbstzweck fremd war. Als er sich entschloß, die Summe der Erfahrungen seines Musikerlebens in Form einer Biographie zusammenzufassen, geschah es nicht ohne Überwindung – und aus lange erwogenen Gründen. Äußerer Anlaß war sein Beitrag für das Buch »Große Interpreten im Gespräch«, mit dem er – zum ersten Mal – die zeitlebens geübte Zurückhaltung aufgab und sich förmlich zwang, seine Gedanken über das zentrale Thema seines Lebens in Worten zu äußern: ein Widerspruch nicht nur im Blick auf das Wesen des Musikers Rudolf Kempe – wohl auf das Thema Musik überhaupt. Doch eben dieser Widerspruch war es, der ihm schlaglichtähnlich die Krisensituation der Musik in unserer Zeit zu beleuchten schien – und damit elementare menschliche Probleme. Diese Zeit, deren übereifrige Medien in Gefahr sind, durch ihre Geschwätzigkeit die Essenz des Lebendigen – zumal in der Kunst – unaufhaltsam zu verwässern, hat manche in Resignation gedrängt, schaffende wie nachschaffende Künstler; Menschen, die weder fähig noch willens sind, durch Kompromisse ihr eigenes Wesen wie das ihrer Aufgabe der Ungeistigkeit der Zeit zu verkaufen. Inwieweit jedoch dieses Sich-Zurückziehen – gerade der Verantwortungsbewußten – in die inneren Bereiche künstlerischer Arbeit mit Schuld trägt an solcher Ungeistigkeit, diese Frage beschäftigte Rudolf Kempe mehr, als es nach außen hin den Anschein haben mochte. Das beängstigende Fortschreiten der Inflation ideeller Werte, auch und vor allem in der Musik – einer Inflation, die weit verhängnisvoller sich auswirkt als jede materielle und nicht mit Statistiken zu erfassen ist –, es mußte einen Menschen wie ihn zutiefst bedrükken; auf sein von Natur aus eher heiteres Gemüt fiel von daher mancher Schatten, der ihm mitunter die Freude an der beruflichen Arbeit zu nehmen drohte. »Manchmal sehne ich mich danach, nur noch zuhause an meinem Instrument zu sitzen und vor mich hin zu musizieren ...«

Sicher ist es nicht von ungefähr, wenn sich tagtäglich junge und unsichere Musiker um Rat und Hilfe an ihn wandten. Daß es nicht genügte, einigen wenigen unter ihnen Dirigierunterricht zu geben, hatte Rudolf Kempe längst erkannt. »Dirigieren gehört nicht zu den Dingen, die man erlernen kann – man kann es nur erfahren.« Von der ebenso unabdingbaren Voraussetzung der Fähigkeit, empfundene Musik unmittelbar in suggestive Bewegung zu übertragen, sprach er nicht – sie war ihm angeboren. Aus seiner Erfahrung heraus erwuchs ihm zugleich die Verpflichtung, Erfahrenes weiterzugeben: Jungen Musikern, die heute kaum mehr die Möglichkeit sehen, sich organisch zu entwickeln, anhand der Schilderung seines eigenen Weges solche Möglichkeiten zu weisen – durch sein Beispiel Hilfe und Ermutigung zu geben für Menschen, die gleich ihm bereit sind, auf unspektakuläre Weise in diesem Beruf etwas zu leisten. Daß es nicht in seiner Absicht liegen konnte, den mit Dokumenten der Selbstbeweihräucherung ohnehin wohlversehenen Markt um ein weiteres zu bereichern, werden alle verstehen, die Rudolf Kempe je durch die unprätentiöse Art seines Musizierens erreicht hat; alle, die in diesem Musizieren vielleicht etwas von seinem Wesen ahnten – weil er sie etwas vom Wesentlichen in der Musik ahnen ließ. Die vorliegende Bildbiographie wendet sich an diese Menschen. Nicht nur, weil es eine Arbeit von Jahren sein wird, die von Rudolf Kempe konzipierte ausführliche Biographie in seinem Sinne zu Ende zu schreiben; auch, ja vor allem aus einem anderen Grund: Die Fähigkeit, Form und Gehalt der Musik aus dem Instrument des Orchesters heraus Klang werden zu lassen, äußerte sich bei Rudolf Kempe mit einer selbst unter Dirigenten seltenen Ausschließlichkeit in seiner Gestik – im Augenblick der Kommunikation zwischen ihm und den Musikern. Dieser Augenblick, durch die Fotografie optisch festgehalten, kann dem Betrachter Ergänzung sein zu dem, was heute oft nur akustisch vermittelt wird – kann ihm dadurch Entscheidendes ermöglichen: spontanes Erleben musikalischen Geschehens – auf der Schwelle zwischen Begreiflichem und Unbegreiflichem. Wie es entsteht, im Zusammenwirken geistiger, seelischer und körperlicher Kräfte – unter vielen und oft ganz unterschiedlichen Individualitäten – im Konzert, aber auch in der Probenarbeit, ja selbst bei Schallplattenaufnahmen – in stetem Wechsel zwischen Spannung und Entspannung: all das sind Fragen, an denen jeder ein legitimes Interesse hat, der sich ernsthaft um Musik bemüht – Hörer wie Ausübender.

Die vorliegende Auswahl an Fotografien, die einen Zeitraum von mehr als 60 Jahren umfaßt, stellt damit auch eine Art Entwicklungsdokumentation der Fotografie dar. Dementsprechend sind nicht alle Aufnahmen von gleicher Qualität. Doch vielleicht werden gelegentliche technische Mängel aufgewogen durch Sinn und Ausdruck des Dargestellten. Wenn hie und da auch Fotos erscheinen, die Rudolf Kempe selbst aufgenommen hat, so soll damit ein bei Musikern nicht unbedingt zu erwartender Zug seines Wesens angedeutet

11

werden: er war ein ausgesprochener Augenmensch. Den Weg vom Pult des Orchestermusikers zu dem des Dirigenten hat ihm nicht zuletzt seine starke Beobachtungsgabe ermöglicht. Notwendige Entsprechung zu seiner musikalischen Tätigkeit, Quelle seiner Arbeitskraft schien das intensive Sich-Befassen mit allem, was sich seinen Augen erschloß; wie in einen Brunnen fiel es in ihn hinein – und tauchte irgendwann wieder auf. In Film und Fotografie gab er dem Erlebten eigene, schöpferische Form; in der Musik hätte er's nie gewagt. »Komponieren? Das überlass' ich anderen. Ich finde, mir fällt nichts ein. Höchstens Blödsinn . . .« Und mit seinem leisen, in den Augen beginnenden Schmunzeln pflegte er dieses Kapitel ad acta zu legen. Sein sächsischer Dialekt, den er nie ganz ablegte, kam in solchen Situationen verstärkt zum Vorschein – und war ein Zeichen des understatements, das für seinen Charakter bestimmend war: Wenn ihm etwas naheging, pflegte er sich nur salopp zu äußern – wenn überhaupt.

Im Blick durch Mikroskop und Fernrohr versuchte er, sich selbst, den Sinn seiner Arbeit (». . . da fährt man nun in der Welt herum und zerteilt die Luft . . .?«) in eine andere, richtigere Relation zu bringen – besser gesagt, derjenigen wenigstens zeitweise zu entkommen, die wir als die einzig richtige ansehen – weil wir's nicht besser wissen. In den Anblick eines Tautropfens, eines Milchstraßensystems versunken, fand er die Bedeutungslosigkeit menschlicher Terminologie bestätigt; fand zu jener heilsamen menschlichen Unsicherheit gegenüber Absolutem, deren intuitives Erkennen allein ihm Sicherheit gab: Sicherheit, die auch andere sich bei ihm sicher fühlen ließ. Die gefährlichste Versuchung des Dirigentenberufs, Macht über Menschen zu gewinnen und zu benützen, hat er – vielleicht deshalb – nie gekannt . . .

Seine Bestimmung hat er als die des Nachschaffenden im Dienste von etwas Übergeordnetem empfunden – und ohne zu fragen angenommen. Niemals mehr wollend, niemals weniger gebend folgte er dieser Bestimmung bis zur äußersten Konsequenz – mit der unbedingten Einfachheit, die die Stärke seines Herzens war. Interpret in des Wortes wörtlicher Bedeutung, hielt er in seinen Händen – Händen, die mit unbeschreiblicher Behutsamkeit Verworrenes zu entwirren und zu ordnen verstanden – das ihm Anvertraute, bewahrend ohne behalten zu wollen: ein Stück von jenem Faden, der Schöpfer und Geschöpf verbindet.

Vielleicht hat er es nicht einmal gewußt.

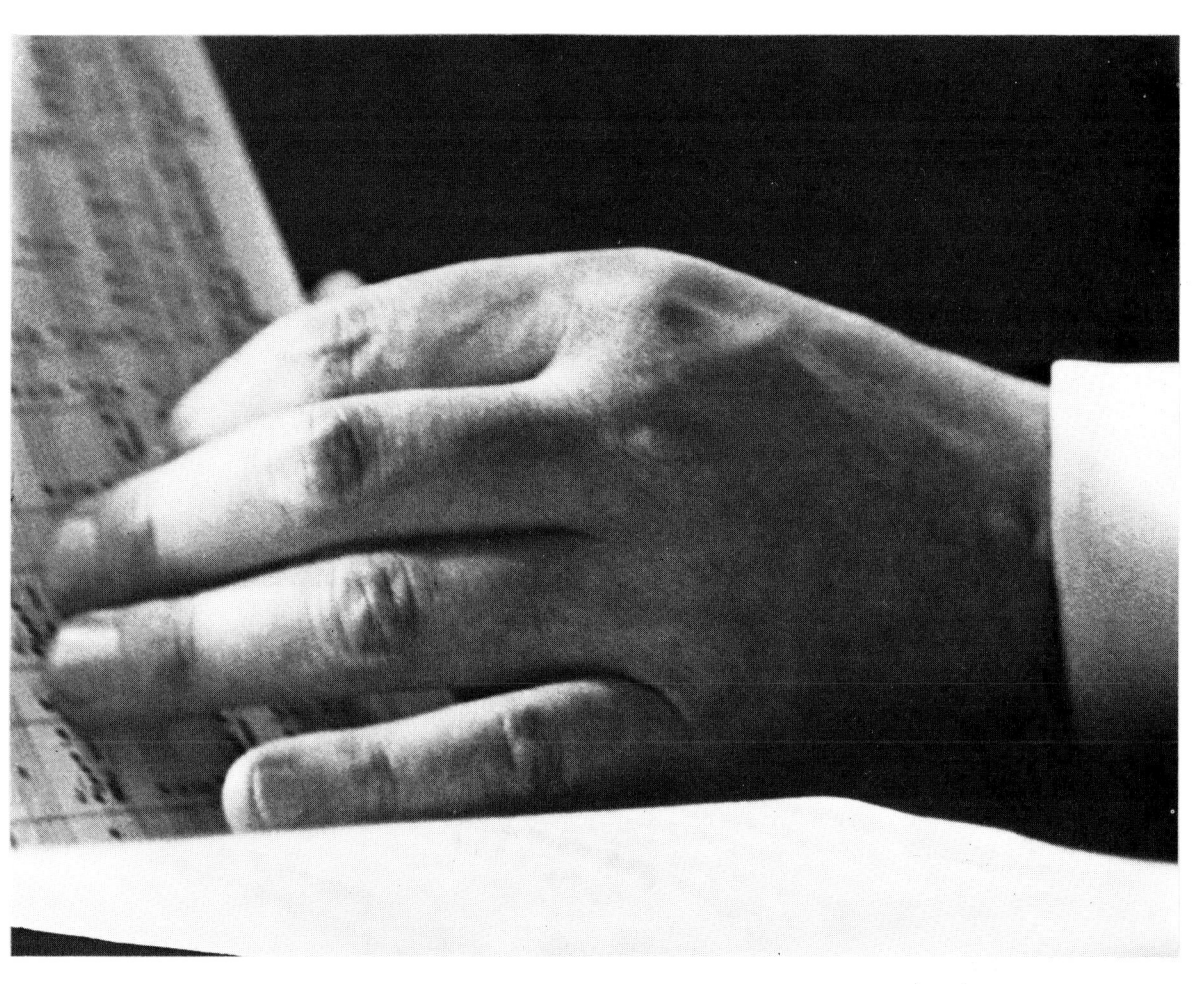

Rudi Kempe – Oboist

Eines steht fest – sie waren durch Generationen stockunmusikalisch, die Kempes.
Auch der kleine Rudi, ein äußerst braves Kind, ließ in keiner Weise ahnen, daß er aus der
Art zu schlagen gedachte. Bis er eines Tages groß genug war, um auf Zehenspitzen zu einem alten schwarzen Möbelstück hinaufreichen zu können. Das Ding stand völlig über-
flüssig irgendwo herum, in einem Nebenzimmer des Gasthofs »Zur guten Quelle«, Rudis
Elternhaus. Wie es da hingekommen war, weiß der Himmel. Und daß es noch Tasten hatte, war ein Wunder – an dem freilich niemand weiter Anstoß genommen hatte. Bis dieses
sonst so friedliche Kind Rudi anfing, seiner unseligen Vorliebe für das alte Möbel hörba-
ren Ausdruck zu verleihen . . .

Es fand sich schließlich, nach Einberufung des Familienrats, ein Klavierlehrer, der Rudis
Leidenschaften in geordnete Bahnen zu lenken versuchte; es fand sich ferner, als das Klavier allein dem Tatendrang des inzwischen Achtjährigen nicht mehr genügte, so etwas
ähnliches wie eine Geige. Und es fand sich – zu allem Überfluß – eine bereits erwachsene
Cousine, die ein unerklärliches Gespür bewog, den Dreizehnjährigen mit in die Oper zu
nehmen.

Es war die Semper-Oper in Dresden, »der Welt schönstes Opernhaus«. Es war die Dresdner Staatskapelle, die »Wunderharfe« unter den Orchestern. Und es war Mozarts *Zauberflöte*. Ein kleiner Junge, im dörflichen Vorort Niederpoyritz geboren, im Gasthof »Zur
guten Quelle« aufgewachsen, hörte zum erstenmal in seinem Leben ein Orchester, erlebte
zum erstenmal Mozart. »Ich weiß nur, daß mir nie zuvor – und vielleicht nie wieder nach-
her – etwas so durch und durch gegangen ist wie die Es-dur-Akkorde der Zauberflöten-
Ouvertüre . . .«

Die Eltern Kempe dachten an nichts Böses. Rudi war ein guter Schüler und wurde Ostern
1924 auf die »Kaufmännische Hochschule« geschickt. Dort lieferte er die von ihm verlangten mathematischen und sonstigen Exerzitien – alle vorwiegend nüchternen Charakters und daher ungefährlich – zu jedermanns Zufriedenheit ab. Fürs erste jedenfalls.

Doch wieder einmal sieht man, wohin es führt, wenn rechtschaffene Leute wie die Eltern Kempe ihr Tagewerk vollbringen und den lieben Gott einen guten Mann sein lassen. Im 4. Stock der Kaufmännischen Hochschule befand sich die neugegründete »Orchesterschule der Staatskapelle Dresden«. Nur interimsmäßig; aber das genügte.

Der Schüler Rudi, der bis dahin schon einige Klavierlehrer und -lehrerinnen verschlissen hatte (»Mutter, bei der bleib ich nich – die hört nich mal, wenn ich falsch spiele!«) – dieser aufmüpfige Knabe brachte es nun mit der ihm eigenen sanftmütigen Zähigkeit so weit, daß die Mutter eines Tages mit ihm in den berüchtigten 4. Stock der Kaufmännischen Hochschule hinaufstieg. »Nur mal so.« Es waren da etliche Herren versammelt, Solisten der Staatskapelle Dresden und Professoren der Orchesterschule, die den Vierzehnjährigen einer strengen Prüfung unterzogen: in Klavier, Geige – und Gehör. »Geige war sehr mäßig« – erinnert sich der Kandidat. »Klavier – das ging. Und Gehör –, das ging auch.« Man muß allerdings wissen, was er unter »es ging« zu verstehen pflegte. Einigen der gestrengen Herren hatte es schlicht die Sprache verschlagen. Hätten sie geahnt, daß sie eines Tages selbst unter der Stabführung dieses kleinen Burschen musizieren würden –, und das mit Begeisterung . . . Der Ton jedenfalls muß kategorisch gewesen sein, in dem das erlauchte Gremium entschied: »Der Junge bleibt hier!« – jeder mögliche Widerspruch seitens der Eltern Kempe wie des erweiterten Familienrats war im Keim erstickt. Rudi studierte Musik.

Ohne Umschweife wurde er in Klavier und Violine, in Kammermusik und Theorie zu den betreffenden Lehrern eingeteilt, die einmütig feststellten, er sei damit nicht ausgelastet. Da es im Schulorchester an Holzbläsern, insbesondere an Oboen fehlte, wurde – nach entsprechender Prüfung seiner physischen Eignung – beschlossen, daß er zusätzlich Oboe zu studieren hatte. Von diesem Instrument allerdings hatte Rudi bislang nur sehr vage Vorstellungen gehabt. Doch mit der ihm eigenen freundlich abwartenden Geduld, die nicht nur in der Familie lag, sondern mitunter ein spezifisch sächsischer Wesenszug zu sein scheint – »nu wär'n mer erscht mal sähn« –, klemmte er die Oboe unter den Arm und begab sich in die Klasse von Johannes König.

Dieser imponierende Mann – Solo-Oboist der Staatskapelle und vergötterter Lehrer mehrerer Generationen von hervorragenden Musikern – übernahm vom ersten Tage an die Führung von Rudis Ausbildung. Mehr noch: wo Vater Kempe nur den Kopf schüttelte – »nee, was die Fingerchen so alles genn'n . . .« –, da sprang Johannes König in die Bresche und ergriff manche väterliche Initiative. Er praktizierte überhaupt in einzigartiger Weise Sinn und Zweck der von keinem geringeren als Fritz Busch gegründeten »Orchesterschule der Staatskapelle Dresden«, gemeinhin OSK genannt: Begabte junge Musiker wurden schon im Studium mit allen vorkommenden technischen, musikalischen und – nicht zuletzt – menschlichen Problemen des Musikerberufs vertraut gemacht. Führende Instrumentalisten eines Spitzenorchesters mit damals 375jähriger Tradition verrieten ihnen, wie solche Probleme zu lösen sind – was aus Notentext und Lehrbüchern nicht immer klar hervorgeht. Sie zogen keineswegs »Substituten« heran, um jemanden zu haben, der sie notfalls vertrat, wenn sie selbst Besseres vorhatten als »Operndienst« zu machen. »Unmerklich ließen sie uns ins Orchester hineinwachsen und brachten dabei das Wunder fertig, daß nicht etwa die Kapelle auf Substitutenniveau, sondern die Substituten auf dem Niveau der Kapelle spielten.« Neben rein Instrumentalem brachten sie den jungen Leuten das eigentlich Wesentliche bei: Freude am Musizieren, verbunden mit Selbstdisziplin und der daraus folgenden Anerkennung der Leistung anderer; das Bewußtsein des Aufeinanderangewiesenseins in jeder Art von Ensemblespiel; und schließlich die Achtung vor dem Beruf des Orchestermusikers überhaupt. So manches Mal hat Rudolf Kempe, wenn er sich an seine Lehrer erinnerte, beklagt, daß ihre Einstellung heute kaum mehr verbreitet wird, und daß gerade jetzt, da der Beruf des Orchestermusikers gesellschaftlich und materiell aufgewertet ist, der Idealismus so selten das Probejahr überdauert ...

Er selbst hatte damals keine blasse Ahnung von dem Beruf, den er ergriff – oder besser gesagt: der ihn ergriff. Keiner aus seiner Familie – mit Ausnahme jener Cousine, die sich in die Oper wagte – war je in Versuchung geraten, sich dem Gebiet der Musik, und gar der klassischen, auch nur zu nähern. So betrat er dieses Kempesche Neuland, das fraglos und unerklärlich doch sein eigen war, in absolutem Alleingang, ohne jede Hilfe. Aber auch ohne jede Belastung ... Daß er dabei in Hände wie die seiner Dresdner Lehrer fiel, war mehr als Glück – fast eine Fügung. Wurden doch in diesen Jahren entscheidende Züge seines Wesens freigelegt und gefördert, die ihn später, als Dirigenten, von manchen unterscheiden sollten: die Fähigkeit, als »primus« sich »inter pares« zu verstehen.

Eine harte Schule freilich war es, durch die der hochaufgeschossene, dünne Rudi Kempe ging. Und die zwölf Stück Pflaumenkuchen, auf die er es bei zwei Tassen Kakao in seinem Stammcafé ohne weiteres brachte, hat er weiß Gott gebraucht. Die Härte bestand nicht zuletzt in der Ansicht der Eltern Kempe, die da lautete: »Nu haste dir den Beruf ausgesucht, nu sieh wie de zurechtkommst.« Zwar war die »Gute Quelle« in Dresden-Blasewitz noch immer eine solche, was seine leiblichen Bedürfnisse betraf; aber in allem andern, wie zum Beispiel der Beschaffung von Studiengeld, Notenmaterial und ähnlichen Luxusartikeln, war er von Anfang an auf sich gestellt . Was noch keinem Begabten geschadet hat; auch ihm nicht. Im Gegenteil. Was er in der verhältnismäßig kurzen Studienzeit von vier Jahren im Unterricht lernte, mußte er umgehend praktisch erproben: im Kino, in der Kirche, im Kaffeehaus. Wobei es sich sehr bald erwies, daß die Geige eine unglückliche Liebe war – und bleiben sollte. »Meine Intonation war scheußlich, und um sie zu verbessern, hätt' ich viel zuviel üben müssen!« Immerhin, er hatte es bis zu Kreutzer-Etüden und den mit Recht so beliebten Studien-Konzerten von Seitz gebracht.

Das Klavier jedoch eröffnete ihm andere Perspektiven und Möglichkeiten: Dank seiner beachtlichen Technik und außergewöhnlichen Blattspielbegabung eroberte er sich im Handumdrehen jede Art von Literatur und sog sich voll wie ein Schwamm mit allem, was er erwischen konnte, von Bach bis Ragtime. Daß er entsprechend vielseitig verwendbar war, sprach sich schnell herum, und so »tingelte« er sich mit seinen Freunden und Studienkollegen von Dresden elbaufwärts bis tief in die Sächsische Schweiz und zurück – zu Fuß, per Fahrrad, per Dampfer oder Eisenbahn (was schon Luxus war). Sein Freund Erich Donnerhack (nachmaliger Unterhaltungsmusik-Chef des Leipziger Rundfunks) hatte zum Beispiel im schönen Bad Schandau ein Café aufgetan, in dem er jedes Wochenende die Ausflügler aus Dresden, Pirna und Umgebung am Klavier zu divertieren hatte. Da er jedoch nicht nur lieber, sondern auch besser Geige spielte, überzeugte er schließlich die Wirtin des ehrbaren Etablissements, sodann seinen Freund Rudi, es müsse in Bad Schandau wer anders Klavier spielen, damit er selbst zum Geigen käme. Eines Samstagmittags zogen sie also selbzweit dorthin und fanden an der Tür des Cafés folgendes großartige Plakat: »Heute verstärktes Orchester – Kapelle Donnerhack!« – Die »Kapelle Donnerhack«, deren Gage den Ankauf von einschlägigem Notenmaterial weder ermöglichte noch rechtfertigte, traktierte das Publikum mit eigenen Kompositionen: auswendig vorgetragenen Arrangements aus dem Etüden- und Konzertrepertoire des Geigen- respektive Klavierunterrichts, von 14 Uhr bis 20 Uhr als Unterhaltungsmusik, von 20 Uhr bis 2 Uhr nachts – etwas leichter geschürzt – als Tanzmusik. Generös spendierte Biere und (in seltenen Fällen) Schnäpse mußten mühsam – auf die allseits bekannte Weise – im Klavier untergebracht werden, damit die beiden Musici wenige Stunden später, am grauen Montagmorgen, im Theorie-Unterricht der OSK oder zur Bach-Kantaten-Probe in der Martin-Luther-Kirche nicht von den Stühlen kippten.

Neben derlei pianistischen Eskapaden machte Rudi auf der Oboe so rapide Fortschritte, daß ihn sein Herr und Meister, nach kaum vier Jahren Unterricht, hinterrücks zum Probespiel anmeldete – für die vakante 1. Stelle in Dortmund. »Da fährsde mal hin un schbielsd, damit de weeßd, wie so was geht!« – Rudi hatte keine Ahnung, wie so was geht – fuhr nach Dortmund und bekam die Stelle.

ORCHESTERSCHULE
DER
SÄCHSISCHEN STAATSKAPELLE e. V.

Abschlußprüfungen
des Winter-Semesters 1927/28

2. Prüfungs-Konzert

Montag, den 30. Januar 1928, abends ½8 Uhr, Dresdner Kaufmannschaft

1. Joh. Seb. Bach: Konzert in D-moll für 2 Violinen mit Orchester
Vivace — Largo ma non tanto — Allegro
Bruno Knauer (Klasse Kam.-Mus. Krüger)
Rosa Müller (Klasse Kam.-Virt. Lederer)

2. E. Wolf-Ferrari: Opus 8, Kammer-Sinfonie für Pianoforte, 2 Violinen, Viola, Violoncello, Contrabaß, Flöte, Oboe, Klarinette, Fagott und Horn
Allegro moderato — Adagio — Vivace con spirito — Finale
Schmidt, Roth, Muck, Fellmer, Eva Wille, Mathé, Piperow, Kempe, Zschiedrich, Arnold, Rhode

3. Friedebald Gräfe: Konzertino B-dur für Posaune und Orchester
Alfons Orpky (Klasse Kam.-Virt. Arnold)

4. Fr. Liszt: 2. Konzert A-dur
Helmut Schaefer (Klasse Karl Fehling)

Leitung des Schüler-Orchesters:
Prof. Georg Wille

Konzertflügel: Julius Blüthner, aus dem Magazin Dresden-A., Prager Straße 12

Der Reinertrag aus dem Programm-Verkauf fließt dem
Freistellen-Fonds zu!

Umso mehr Ahnung hatte Johannes König. Längst hatte er sein Paradepferd (alle wußten, daß er's war, außer Rudi selber) bei verschiedensten Gelegenheiten getestet: in Orchester- und Kammerkonzerten der OSK, in den Kirchenmusik-Zyklen der Martin-Luther-Kirche, im »Zoo-Orchester« und in Kammerkonzerten, die er mit seinen Lehrern Johannes König, Karl Schütte und Fritz Rucker spielen durfte. Die Selbstverständlichkeit, mit der er von ihnen herangezogen wurde, bewahrte den an sich schüchternen Jungen vor übermäßigem Lampenfieber; aber auch vor jeder Überheblichkeit – wenn sie seiner Natur nicht ohnehin ferngelegen hätte.

Mit grundsolidem Startkapital von seiten der Lehrer ausgerüstet, vom wortkargen Vater mit dem lapidaren Satz »Gell, un paß uff, daß de nich krank wirst!« am Bahnhof verabschiedet, sah sich Rudi Kempe, im Alter von 18 Jahren, plötzlich »midden im Läben«. Dieses bestand aus einer einsamen möblierten Bude und dem nicht allzu aufregenden Dortmunder Orchesterdienst – für vier Monate. Dann kam ein Telegramm von Johannes König, wonach er sich zwecks Probespiel umgehend nach Leipzig zu verfügen hatte. Zum Gewandhaus-Orchester Leipzig! Für die Stelle des 1. Solo-Oboisten. 45 Bewerber. »Einer besser wie der andere. Ich dachte, so ein Quatsch, daß ich da spiele ...« Drei Tage dauerte es, bis alle 45 durch waren. Rudi Kempe bekam die Stelle.

Das Gewandhaus-Orchester Leipzig, wie die Dresdner Staatskapelle sowohl Konzert – als auch Opernorchester, nahm den neuen Solo-Oboisten gleich tüchtig heran. Mit dem älteren Kollegen und Freund seines Lehrers, Alfred Gleißberg, alternierend, hatte er in den ersten vier Wochen 14 verschiedene Opern zu spielen: *Mikado, Madame Butterfly, Carmen, Così fan tutte, Tosca, Rigoletto, Mignon, Wenn ich König wär, Zar und Zimmermann, Rienzi, Eugen Onegin, Barbier von Bagdad, Undine, Parsifal*. Abgesehen von der rein physischen Anstrengung war es keine Kleinigkeit für einen Anfänger, solche Stücke mit ihren selbst von Routiniers gefürchteten Soli in der Aufführung praktisch vom Blatt zu spielen (etwas anderes blieb ihm ja kaum übrig). Aber der Schliff des mit allen Wassern der Literatur gewaschenen Johannes König, die unzähligen in der Dresdner Oper verbrachten Abende, die mit Heißhunger verschlungenen Klavierauszüge und Partituren und die Loyalität der älteren Kollegen taten das ihre; Rudi Kempe scheint sich, seine Lehrer und das Gewandhaus-Orchester nicht gerade blamiert zu haben.

Der Weg zum Dirigentenpult

»Das Gute an Leipzig war, daß es nicht so weit weg war wie Dortmund« – von Dresden, versteht sich. So blieben die Drähte nach Hause weiterhin warm: einmal der zur »Guten Quelle« – die Kapelle Donnerhack, gelegentlich durch den Freund und Oboen-Kollegen Herbert Karger zum Mammut-Orchester erweitert, fiel nach wie vor dort ein, wenn sie Hunger hatte. Zum andern erfuhr die Verbindung zu Meister König wesentliche Vertiefung: Der erfolgreich abgenabelte Schüler Rudi, zum Duzfreund und Gewandhaus-Kollegen avanciert, wurde samt seinen Freunden zwecks körperlicher und seelischer Ertüchtigung in den Ferien von Johannes König höchst persönlich in die Allgäuer Alpen und dortselbst die Berge hinauf- und wieder hinuntergejagt. Dienst-Frack gegen Krachlederne, Oboe gegen Zigarre vertauschend, bemerkte König tiefsinnig zu seinen Schülern, auf den bayerischen Teil des Vaterlandes hinweisend: »Sähtersch – das is nu alles die Gächend – un das dahinder, das is alles die Umgächend.«
Die Fähigkeit zum Blödeln und gänzlichen Loslassen – von jeher ein typischer Wesenszug Rudi Kempes – wurde nicht zuletzt von Leuten wie Johannes König gefördert: in der Erkenntnis, daß die ungeheure Spannung künstlerischer Höchstleistungen nur aus der *Ent*spannung heraus möglich ist.
König war es übrigens auch, der einmal im Unterricht die Bemerkung hatte fallenlassen: »Rudi, du wirst noch Dirigent – du hast die Figur dazu!« – Schallendes Gelächter unter den Schülern, am meisten bei Rudi. Daß es nicht »die Figur« war, wußte niemand besser als König. Trotzdem konnte seine durchaus ernstgemeinte Prophezeiung: »Nee, mei Guder, Oboer bleibst *du* nich!« in dem Jungen keinerlei Dirigierambitionen wecken. Die Tatsache, daß er – wie schon im Studium, so auch jetzt in der Gewandhauszeit – alles, was gespielt wurde, in der Partitur verfolgte, hatte damit nichts zu tun; er hatte einfach das Bedürfnis, sich ganz in die Musik hineinzuwerfen. Er spürte, daß er seine Stimme im Orchester nur dann »richtig« spielen konnte, wenn er den ganzen Zusammenhang kannte: wenn er jeden Moment wußte, was die andern zu spielen hatten, und *hörte, wie* sie es spielten.

Nur so konnte er seine eigene Dynamik, seine Klangfarbe, kleine agogische Freiheiten (»die waren damals durchaus noch erlaubt, ja erwünscht!«) augenblicklich dem Gesamtgeschehen anpassen, im Solo wie im Tutti. Dieses Prinzip des Kammermusikmachens, das im Grunde auf jede Art Ensemble-Musik übertragbar ist – und übertragen gehört –, war seine Stärke: einmal, weil er es gelernt hatte; doch mehr noch, weil es seinem Wesen entsprach.

So war es selbstverständlich, daß neben dem für heutige Begriffe ungewöhnlich strengen Orchesterdienst im Gewandhaus und im Theater die Kammermusik zum wesentlichen Schwerpunkt wurde. Es dauerte nicht lange, bis die Kollegen den blutjungen »Kammervirtuosen« ins Gewandhaus-Bläserquintett aufnahmen, mit dem er jahrelang solistisch konzertierte. Daß er daneben ein vielseitiger Pianist war, blieb auch in Leipzig kein Geheimnis; und es gab kaum einen unter den Orchesterkollegen und Sängern, der ihn nicht am Klavier einspannte, als »Mädchen für alles«: ob es sich um seriöse Konzerte im Gewandhaus und im Konservatorium handelte oder um Nebengeschäfte bei kulturbesessenen Vereinen – die natürlich einträglicher waren. Zumindest für die andern. Rudi Kempe

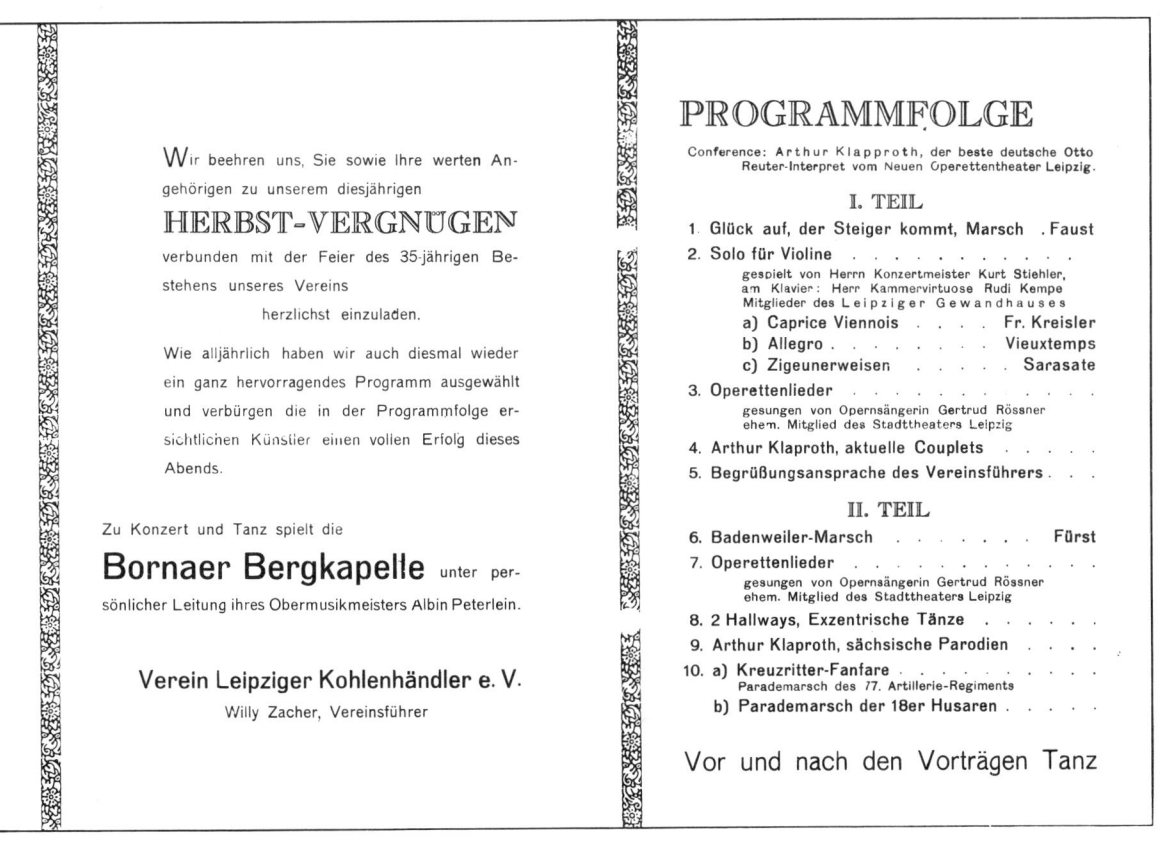

konnte einen vollen Abend lang – so beim »Leipziger Kohlenhändlerverein« – am Klavier seinen Freund, Konzertmeister Kurt Stiehler, nebst etlichen Tänzern und Sängern der Oper begleiten, von denen jeder ein fürstliches Honorar in Höhe von 100 Mark bekam. Das seinige bestand in einem Händedruck des Vereinsvorstands, der ihm mit den Worten »Das haben Sie sehr schön gemacht!« ein 5-Mark-Stück zusteckte. Typisch für die seit Menschengedenken herrschende Einstellung der Musikwelt gegenüber dem »Mann am Klavier« – die selbst ein Gerald Moore gelegentlich zu spüren bekam. Typisch aber auch für Rudi Kempe: Ein Geschäftsmann ist er nie gewesen. Die »Kaufmännische Hochschule« ging ihm ab . . . Doch focht ihn das wenig an; Fleiß und Sparsamkeit brachten ihn langsam aber sicher dem Ziel seiner Sehnsucht näher: einem eigenen Flügel; gebraucht natürlich. Ansonsten nährte er sich von Musik.

War es in der Leipziger Oper Gustav Brecher, ein Mahler-Schüler, der als Chef mit Energie und außerordentlicher Gründlichkeit für hohes Niveau sorgte (für eine Spieloper wie *Fra Diavolo* setzte er allein 6 Orchesterproben an), so waren es vor allem in den Gewandhaus-Konzerten Dirigenten, die (weit über Ort und Zeit hinaus) Rang und Namen hatten – »und eben auch das entsprechende Können«. Neben ständigen Gästen wie Fritz Busch (der im benachbarten Dresden Chef war), Erich Kleiber, Otto Klemperer, Carl Schuricht, Sir Thomas Beecham und Clemens Krauss waren es vor allem Bruno Walter und Wilhelm Furtwängler (letzterer Nachfolger Nikischs und Vorgänger Walters als Gewandhaus-Chef), die das musikalische Geschehen prägten – und unwillkürlich den Orchestermusiker Rudi Kempe. Von seinem Oboenpult aus beobachtete er jede Nuance der Schlagtechnik, des Ausdrucks – in Reaktion und Gegenreaktion zwischen Dirigent und Orchester – in der ganzen Vielfalt, ja Gegensätzlichkeit, in der sie sich darstellten. Ob es die weitausladende Gebärdensprache Furtwänglers war oder die sparsame, fast trockene Schlagtechnik eines Richard Strauss – entscheidend war in allen Fällen die Überzeugungskraft des musikalischen Ergebnisses. »Das Auffallendste war, mit welcher Sorgfalt diese Großen auf dynamische Abschattierung ins Piano und Pianissimo bedacht waren, was heute so wenig praktiziert wird; wo 's zweifelhaft war, wie manchmal in Strauss' eigenen Partituren, entschied er selbst immer, daß um ein bis zwei Grad leiser gespielt werden solle, als er's notiert hatte, damit der Klang *ja* durchsichtig würde. Bei ihm gab's keinen Klangrausch, zu dem seine Musik gelegentlich verleitet.«

Rudi Kempe hatte sich das frühzeitig gemerkt. Als Furtwängler mit dem Gewandhaus-Orchester Strauss' *Don Juan* probierte, brach er mitten in der Liebesszene ab. »Meine Herrn, Sie können das *viel* leiser spielen. Sie haben einen Oboisten, der dieses Solo pianissimo bläst.« Mehr als einmal holte Furtwängler sich diesen Oboisten nach Berlin – leihweise sozusagen. Auch Klemperer, den Rudi Kempe damals vielleicht am meisten verehrte ob seiner grandiosen Beherrschtheit in technischer wie musikalischer Hinsicht, muß der junge Oboist aufgefallen sein. Mehr als 30 Jahre später, in der Pause eines Konzertes, das Rudolf Kempe in der Londoner Festival Hall dirigierte, erschien Otto Klemperer hinter der Bühne. Sofort waren einige Leute eifrig bemüht, ihm Kempe vorzustellen. Mit gebieterischer Geste schob er sie alle beiseite: »Den braucht man mir nicht vorzustellen. Er war mein Erster Oboist im Gewandhaus.«

Daß der Erste Oboist des Gewandhauses auch Englischhorn spielte, war selbstverständlich; und an der Oboe d'amore war er unentbehrlich: in den regelmäßig stattfindenden Motetten in der Thomaskirche wie überhaupt in kirchenmusikalischen Programmen, die vorwiegend – wenn auch keineswegs ausschließlich – der Pflege Bachs gewidmet waren und teils im Gewandhaus, teils in der Thomaskirche aufgeführt wurden. Die Leitung solcher Konzerte lag hauptsächlich in den Händen von Thomaskantor Karl Straube, der sie erst 1940 endgültig an den bisherigen Thomasorganisten Günther Ramin abgab. In die Jahre von Rudi Kempes Oboistenzeit fiel Karl Straubes zyklische Aufführung sämtlicher Bach-Kantaten für den Leipziger Rundfunk; und es ist ein Jammer, daß von diesen Aufnahmen anscheinend nichts mehr existiert. Übrigens hat Rudolf Kempe, obwohl er Bach »an der Quelle« studiert hat, sich später nach Möglichkeit davor gedrückt, Bach zu dirigieren, zumal die größeren Chorwerke. »Solange es einen Karl Richter gibt, bleibe ich mit Bach lieber daheim, an meiner Orgel und am Cembalo.« Was er denn auch tat – mit inbrünstigem Vergnügen.

Selbstverständlich umfaßte das Repertoire in Leipzig – zumindest vor 1933 – viel Zeitgenössisches; allein unter den 126 verschiedenen Bühnenwerken, die Rudi Kempe im Lauf von wenigen Jahren aus der Orchesterperspektive kennenlernte, waren eine Menge Uraufführungen: Ernst Křeneks Jazz-Oper *Jonny spielt auf,* Brecht/Weills *Aufstieg und Fall der Stadt Mahagonny,* Dressels *Rosenbusch der Maria;* aber auch die deutschen Erstaufführungen von Mussorgskijs *Boris Godunow,* Strawinskys *Petruschka* und Milhauds *La Création du Monde.* Sonst enthielt der Spielplan, neben den Standardstücken von Gluck bis Strauss, »manches, was heute zu Recht vergessen ist; aber auch einiges, worum's wirklich schade ist: Tiefland, Die Königskinder – was für herrliche Musik. Wenn man sich anhört, was da heute so konstruiert wird ...«

Zu Hause neben dem heimeligen Kachelofen stand mittlerweile tatsächlich ein eigener Flügel; trotzdem schlug Rudi Kempe seine Zelte vorwiegend im Theater auf: Selbst wenn er zufällig gerade keinen Dienst hatte – er mußte einfach alles mitbekommen, was musikalisch auf und hinter der Szene vor sich ging. Nicht so die Herren Repetitoren, die dafür eigentlich zuständig waren: Eines schönen Tages – ein Geigenprobespiel war angesetzt – waren sie wieder mal alle wie auf Kommando vom Erdboden verschwunden; vom Chef bis zum Pförtner schien sich niemand zu trauen, am Klavier Brahms' Violinkonzert vom Blatt zu begleiten – außer Rudi Kempe. Sei es, daß er dabei unverhältnismäßig viele richtige Noten traf, sei es, daß sein Vortrag besonders ansprechend war – seine bislang verborgenen Talente jedenfalls waren in Gefahr, ans Licht gezerrt zu werden. Die Gefahr wurde drohend, als ein Leipziger Laienorchester – sinnvoll »Harmonie« benannt und in akuten Konzert-Notfällen von Gewandhaus-Musikern mitleidsvoll unterstützt – verwaist wurde und dringend einen Dirigenten suchte. Wieder schien sich keiner erbarmen zu wollen – außer Rudi Kempe.

Am 14. April 1934, 20 Uhr, im Großen Saal der »Drei Lilien« in der Kohlgartenstraße zu Leipzig, dirigierte er sein erstes Konzert – ein ganz und gar unspektakuläres Ereignis. Auch das Programm, das für 40 Pfennig zum Eintritt berechtigte und den Triumph-Marsch aus *Aida*, die *Euryanthe*-Ouvertüre und *Die Moldau* enthielt, erregte keinerlei Aufsehen. »Die haben das ganz erstaunlich gespielt für ein Laienorchester – und mir hat's Spaß gemacht!«

Spaß war es auch, als kurz darauf, am Ostseestrand in Baabe, eine Horde dienstmüder Gewandhaus-Musiker sich schon wieder so weit erholt hatte, daß sie eine *Lohengrin*-Freilichtaufführung extemporierte, in Prae-Wieland-Wagnerschem Inszenierungsstil: Rudi Kempe setzte sich in den Sand und dirigierte. Doch aus dem Spaß wurde allmählich Ernst, als in der neuen Spielzeit bei der ersten sich bietenden Gelegenheit die Kollegen den Hobby-Dirigenten »verpetzten«, bei Paul Schmitz, dem neuen Opernchef. (Gustav Brecher war inzwischen – man schrieb 1935 – »gegangen worden«; und nicht wegen der »musikalischen Kreuzworträtsel«, wie seine teilweise hinter dem Kopf stattfindenden Dirigierbewegungen genannt wurden.) Der neue Chef also wollte in einer Probe das Finale des 2. Akts von *Figaros Hochzeit* aus dem Hintergrund des Zuschauerraums hören, um die dynamische Balance zu kontrollieren. Und wieder war weit und breit kein Repetitor, der den Taktstock übernommen hätte. »Der Kempe soll das machen – der kann das«, meldeten die Kollegen, schubsten ihn mit sanfter Gewalt nach vorn ans Pult – und in die Dirigentenlaufbahn.

Doch er selbst wehrte sich noch immer dagegen: Einmal bedeutete die Annahme eines Repetitor-Vertrages, wie er ihn angeboten bekommen hatte, eine empfindliche Kürzung der

24

Orchesterverein Harmonie 1880

Leitung: R. Kempe

Frühjahrskonzert

am Sonnabend, den 14. April 1934, 20 Uhr, im Großen Saal der „Drei Lilien", Kohlgartenstraße

Vortragsfolge:

Erster Teil:

1. Hymne und Triumphmarsch aus der Oper „Aida" G. Verdi
2. Ouvertüre zur Oper „Euryanthe" . . . K. M. v. Weber
3. Zwei Menuette
   a) Menuett . . . . L. Boccherini
   b) Menuett aus der Symphonie Nr. 6 . . . J. Haydn
4. Fantasie aus der Oper „Der Bajazzo" . R. Leoncavallo

Zweiter Teil:

5. Die Moldau*), aus dem symphonischen Zyklus „Mein Vaterland" . . . . R. Smetana
6. Valse romantique . . . . M. Heineke
7. Große Fantasie „Unser Strauß" . . . . . H. Weber
8. Marsch der Bersaglieri . . . . R. Eilenberg

*) Aus zwei Quellen entspringt sie, plätschert munter im Gestein und glitzert in der Sonne, sie wird breiter, ihre Ufer hallen von Jagdhörnern und ländlichen Tänzen wieder. — Mondschein, Nymphenreigen. — Sie gelangt zu den St.-Johannes-Stromschnellen, an deren Felsen ihre Wellen zu schäumendem Gischt zerspritzen. Von dort strömt sie breit dahin.

Nach dem Konzert Ball!

Das Alex Heyde-Tanz-Orchester

Einlaß 19 Uhr   Eintritt 40 Pfg.

O. Koch, Wittstockstraße 3, Ruf 61037

Monatsgage, die er als Erster Bläser hatte – für einen jungen Familienvater immerhin ein Gesichtspunkt. Der andere Grund aber erklärt vollends seine skeptische Haltung: »Ich hab mich im Orchester so wohlgefühlt, daß ich gar keine Lust hatte, die Oboenstelle aufzugeben.«

Charakteristisch für ihn ist, daß er in entscheidenden Phasen seines Lebens wie dieser sich geradezu passiv verhielt, die Dinge einfach auf sich zukommen ließ. Und sie kamen: diesmal in Form des Spielplans, dem er beiläufig entnahm, daß er für die nächste Aufführung des *Wildschütz* als Dirigent angesetzt war – eine Woche nach der denkwürdigen *Figaro*-Probe. »Was blieb mir andres übrig? Ich dirigierte eben.«

Die Leipziger Presse meinte, »daß man diesem vortrefflichen Beherrscher seines Blasinstruments den Neuling am Dirigentenpult kaum anmerkte«. Abgesehen von seinen »noch etwas zu großen Bewegungen« entdeckte sie an ihm Fähigkeiten, mit denen man ein halbes Dutzend Generalmusikdirektoren hätte ausstatten können, und schloß mit der Erkenntnis, »daß hier eine ausgesprochene Dirigentenbegabung sich zu schöner künstlerischer Reife entwickeln könne«.

Rudi Kempe hielt es für besser, sich aus dieser wohlmeinenden Kritik nichts zu machen. Dieselbe Leipziger Zeitung hatte kurz zuvor einem Herrn Hitler so grandiose Verdienste um das Werk Johann Sebastian Bachs nachgerühmt, daß, um einem dringenden Bedürfnis abzuhelfen und ihn zu ehren, eigens eine Bach-Plakette kreiert werden mußte . . .

Mit der Frage des Dirigierens nunmehr ernstlich konfrontiert, wandte Rudi Kempe sich um Rat und Hilfe an Generalmusikdirektor Paul Schmitz, der ja gewußt haben mußte, warum er ihn ohne weiteres eine Vorstellung dirigieren ließ. An der Orchesterschule in Dresden hatte Rudi Kempe zwar bei Kurt Striegler Partiturspiel, Transponieren verschiedener Schlüssel »und was sonst noch so alles dazugehört« gelernt, Striegler auch einiges seiner geradezu legendären Schlagtechnik »abgeguckt« – aber regulären Dirigierunterricht hatte er nie gehabt. Paul Schmitz nun befaßte sich eine Stunde mit ihm – und hob nur die Schultern: »Ich kann Ihnen nichts beibringen, mein Lieber. Ein paar Tips, das ist alles.«

Unerwartete praktische Hilfe fand Kempe beim Solopauker des Gewandhaus-Orchesters: Dieser verriet ihm den an sich simplen Trick mit dem Handgelenk, dessen stete Lockerheit sowohl Präzision als auch Flexibilität gewährleistet. »Das war eigentlich der einzige Dirigierunterricht meines Lebens.«

Weniger aus eigener Überzeugung als unter dem Einfluß der Orchesterkollegen, die sich kennerisch in Prophezeiungen seiner »Dirigentenkarriere« ergingen, nahm er schließlich nach langem Hin- und Herüberlegen den Vertrag als Solo-Repetitor und Kapellmeister an –

»entweder konsequent oder inkonsequent. Bloß nicht dieses ewige Geschwanke!« Die Oboe behielt er sicherheitshalber bei ...

Über Mangel an Beschäftigung konnte Rudi Kempe sich nun weniger beklagen als je zuvor: Saß er nicht selbst im Orchester an der Oboe, so hatte er alle Hände voll zu tun mit mehr oder weniger niedrigem Bühnendienst (vom Vorhangziehen bis zum Bühnenmusik-Dirigieren), mit der kammermusikalischen Versorgung verschiedenster Institutionen (vom Leipziger Rundfunk bis zum »Verein der Freunde deutscher Goldhamsterzucht«), und schließlich mit dem Einbleuen von Partien in mehr oder minder aufnahmefähige Sängerhirne, auch »Repetieren« genannt: eine vergleichsweise euphemistische Bezeichnung, wenn man bedenkt, daß der Besitzer eines solchen Hirns im (Gott sei Dank seltenen) Extremfall 76 mehrstündige Einzelproben brauchte, um eine Partie wie die des »Ochs« im *Rosenkavalier* zu lernen. Daß diese Tortur, die volle sechs Wochen dauerte, in einem Ferienhaus am Staffelsee stattfand, wohin der studiereifrige »Ochs« seinen nicht minder eifrigen Repetitor eingeladen hatte, machte sie einigermaßen erträglich.

Begreiflicherweise bot solche Holzhammermethode dem jungen Kapellmeister willkommene Gelegenheit, selbst das Repertoire vorwärts und rückwärts zu studieren, und setzte ihn in die Lage, in kurzer Zeit eine nicht unbeträchtliche Anzahl von Stücken am Dirigentenpult halbwegs mit Anstand abzuliefern: Nach einigen weiteren *Wildschützen* waren es *Der Evangelimann* mit Friedrich Dalberg, August Seider und Ellen Winter, *Freischütz* mit Maria Lenz, *Carmen* mit Camilla Kallab und Walter Zimmer, *Figaros* (nunmehr vollständige) *Hochzeit* und Stücke wie *Arabella*, *Butterfly* und *Hänsel und Gretel* – vor allem letztere bekanntlich keineswegs harmlos zu dirigieren. Sogar einige Neueinstudierungen durfte er machen, wie *Die Heirat wider Willen* (ebenfalls von Humperdinck, dessen Sohn Regie führte), *Die beiden Schützen* von Lortzing, den *Zigeunerbaron*, die *Chinesischen Mädchen* nach Rinaldo da Capua und anderes mehr. Und es konnte passieren, daß er von Mittag auf Abend einspringen mußte in einem Stück, das er zwar den Sängern einstudiert, selbst aber nie hatte probieren können: ausgerechnet im vielfach gefürchteten *Gianni Schicchi* (Puccinis einziger Opera buffa). »Derartiges Einspringen war damals nichts Besonderes; wir mußten sowas einfach können.«

Merkwürdig nur war die Erfahrung, daß die Anzahl der Abende, die er zu dirigieren hatte, allmählich anfing, im umgekehrten Verhältnis zu seinen unleugbaren Dirigierfortschritten zu stehen – eine Gesetzmäßigkeit, der er später, in abgewandelter Form, noch öfter begegnen sollte. Was er mit der ihm eigenen Gelassenheit tat.

In seiner nicht gerade üppigen Freizeit warf er sich mit Enthusiasmus aufs Klavierspielen und probierte für sich aus, was von Bruno Walter und Furtwängler vor nicht allzu langer Zeit erst eingeführt worden war: Klavierkonzerte selbst zu spielen und vom Flügel aus zu dirigieren. Daß er's dabei nicht, wie die beiden großen Kollegen, bei Bach und Mozart bewenden ließ, sondern das Experiment über Webers Konzertstück f-moll bis zu Liszts Es-dur-Konzert ausdehnte, mag seinem jugendlichen »Sturm und Drang« zugute gehalten werden. Wenigstens blieb er dabei im bescheidenen Rahmen des »Orchestervereins Harmonie«, dem er übrigens jahrelang die Treue hielt.

Bis der Tag kam, da man von ihm verlangte, er solle endlich den Solo-Bratschisten entlassen ...

Inzwischen war es Herbst 1939; die Regie übernahm der Krieg.

Sein »Grüß Gott«, mit dem er nach wie vor, die Hände in den Manteltaschen, das Theater betrat, war nicht die einzige Gefahr, in die Rudi Kempe geriet – und aus der er schließlich heraustaumelte, unfähig, das eine wie das andere zu fassen.

Die Zeit des Militärdienstes, unterbrochen durch verzweifelte Versuche, in der Musik sich und anderen einen Sinn inmitten des allgemeinen Irrsinns zu erhalten, hat ihre Furchen hinterlassen.

Aus diesen Furchen etwas ans Licht zu retten, wofür zu leben sinnvoll war, war der Versuch der kommenden Jahre.

Nachkriegsjahre – Ende und Neubeginn

In Chemnitz fand Rudolf Kempe sich 1945 an Land gespült. Hier hatte er schon während des Krieges als Oboist, Repetitor und Kapellmeister am Stadttheater Lücken gebüßt, hatte dann – mit Unterbrechungen – bis zur Theaterschließung als 1. Kapellmeister den Musikbetrieb aufrechtzuerhalten versucht, so gut es ging – wobei die Programme der durch Fliegeralarm unterbrochenen Konzert- und Opernaufführungen sich täglich heiterer und beschwingter zu geben hatten . . .

Und nun stand er da, als Chemnitzer Operndirektor; mehr als nur körperlich in desolater Verfassung; ein Häuflein Sänger und Musiker neben sich, nicht minder desolat als er. Und das allerdesolateste: Dieser Zustand war nichts Besonderes.

Nichts Besonderes war es demnach auch, was er mit diesem Häuflein zu tun sich anschickte – vielmehr das einzige, was überhaupt zu tun war: sich die Ärmel hochzukrempeln, in jeder Hinsicht. Am 4. Juni 1945 fingen die Proben an, am 16. fand die »Erste künstlerische Veranstaltung« statt. Sie begann mit Beethovens Egmont-Ouvertüre und umfaßte vom Gebet bis zum Stepptanz, von Gluck bis Johann Strauß über Schiller und Goethe, gesprochen, gesungen, getanzt, so ziemlich alles, was dieses Häuflein Künstler seiner ungewissen Zukunft an Hoffnungen entgegenzubringen wagte . . .

Das einzig gewisse an dieser Zukunft war: Zimperlich durfte man ihr nicht begegnen. »Künstlerische Sensibilität«, die der Realität nicht mit guten Nerven oder Humor zu begegnen verstand, war reiner Luxus. Die Realität bestand in behelfsmäßigen Konzert- und Theatersälen, in denen entweder Heizung oder Beleuchtung fehlte (meistens beides), und die für Musiker wie Publikum mitunter nur auf einstündigen Fußmärschen durch Schnee und Kälte über aufgerissene Straßen zu erreichen waren. Sie bestand ferner im Nichtvorhandensein von Notenmaterial, von Theaterkostümen, Kulissen und ähnlichen Vorkriegsartikeln – und sie bestand in knurrenden Mägen und blaugefrorenen Fingern. Wenn's nicht mehr anders ging, spielten die Orchestermusiker mit Handschuhen, und ihr Chef dirigierte so manche Vorstellung mit Wolljacke unterm und Mantel überm Frack, ohne dabei einen Tropfen Schweiß zu vergießen – was nicht unbedingt auf einen Mangel an Temperament bei ihm zurückzuführen war.

Daß er als Junge in der ungeheizten Kegelbahn des elterlichen Gasthofs hatte üben müssen, weil er sonst nirgendwo ungestört war, kam ihm jetzt zustatten. Und es wäre ihm nicht eingefallen, wegen einer noch so schweren Erkältung eine Vorstellung zu gefährden: Mit hohem Fieber dirigierte er – und rannte anschließend den ganzen Weg vom Chemnitzer »Marmorpalast« quer durch die Stadt nach Hause; eine Roßkur, die böse Folgen hätte haben können. Mag sein, daß es ihm deshalb auch später, als die äußeren Umstände längst wieder erfreulicher geworden waren, nie in den Sinn gekommen wäre, wegen irgendeines Unbehagens etwas abzusagen. Wenn's sein mußte, dirigierte Kempe mit dem Kopf unterm Arm, wie etwa auf der Rußland-Tournee der Münchner Philharmoniker 1974.

Fast wörtlich praktizierte er das 1946 bei einem *Carmen*-Gastspiel in Lugau, wo das Orchester nur unter der Bühne, zwischen deren Verstrebungen, placiert werden konnte. Um die Sänger auf der Bühne zu sehen und im Notfall auch von ihnen gesehen zu werden, mußte er natürlich stehen; dann sah das Orchester nicht viel mehr als seine Beine. Beugte er sich dagegen zum Orchester herunter, war – mindestens – der Kopf im Wege. »Akustisch war's ein gutes Vor-Training für Bayreuth ...«

Selbstverständlich versorgte das Städtische Orchester Chemnitz nicht nur Lugau mit Kultur, sondern die gesamte nähere und weitere Umgebung; und es gibt sicher wenige Dirigenten, die das einzigartige Glück hatten, im Schützenhaus von Waldheim die *Salome* zu dirigieren. Vielleicht muß man tatsächlich in Lokalitäten wie den Kirchen, Gast- und Krankenhäusern von Schirgiswalde und Großröhrsdorf, von Kriebstein, Flöha und Seifhennersdorf dirigiert haben, um später in dem allgemein als unzumutbar bezeichneten Probesaal der Münchner Philharmoniker oder in den Townhalls von London Battersea, Hammersmith und Bishopsgate arbeiten zu können – ohne ernstlichen Gehörschaden davonzutragen.

Wenig zimperlich war man damals auch in Sachen Programmgestaltung: sie war alles andere als »sophisticated«. An künstlerischen Kräften mußte eingesetzt werden, was gerade zur Verfügung stand; und das Publikum war kulturell so ausgehungert, daß es jede noch so seltsame Menüzusammenstellung gierig verschlang – und verdaute: Lieder und Klaviermusik inmitten symphonischer Programme störten niemanden (nicht einmal Kritiker), und zu abendfüllenden Stücken wie Bruckners Fünfter mußten ausgiebige Hors d'œuvres wie Mendelssohns *Sommernachtstraum* plus Tschaikowskys Rokoko-Variationen mitgeliefert werden, damit niemand hungrig den Saal verließ. Aus der Tatsache, daß der Mensch nicht vom Brot allein lebt, wurden notgedrungen andere Konsequenzen gezogen als heute. Kalorienärmere, aber vielleicht vitaminreichere ...

Wer sich vor Kritikern fürchtete, erlebte paradiesische Zeiten: Auch Kritiker waren hungrig und schlichtweg für alles dankbar, was man – unterbrochen nur von harmlosen Stromsperren und nicht mehr von Fliegeralarm – zu hören bekam. Das Phänomen ihrer kritiklosen Begeisterung ist daher wohl nur zum Teil auf die Bescheidenheit des Chemnitzer und Seifhennersdorfer Horizonts zurückzuführen (immerhin dirigierte Rudolf Kempe mittlerweile auch in Leipzig und Dresden, wo das Erinnerungsvermögen sehr wohl in bessere Zeiten zurückreichte). Eine Ungeheuerlichkeit war es daher, wenn einmal ein Konzert »total verrissen« wurde, wie eine Aufführung der Neunten Beethoven zu Silvester in Chemnitz. Der Kritiker vermißte bei Kempe »die markanten, wie aus Granit gemeißelten Taktschläge, die am Platz sind, um den klassischen Stil Beethovens herauszuholen«, und fand überhaupt die Neunte zum Jahreswechsel unpassend. Woraufhin der Chemnitzer Intendant umgehend eine Theatervorstellung ab- und die Wiederholung der Neunten ansetzte. Als zu dieser der besagte Kritiker das Foyer des ausverkauften Hauses betreten wollte, wurde er vom Chemnitzer Publikum mit Brachialgewalt hinausgeworfen. Kempes Neunte – wie immer sie gewesen sein mochte – war ein nicht totzukritisierender Erfolg.

Zum Glück besaß er schon damals einige Selbstkritik. Mahlers Fünfte, die er innerhalb von 14 Tagen lernte, um sie für einen verhinderten Kollegen in Leipzig zu dirigieren (mit Strichen allerdings, die man ihm oktroyiert hatte), »ging für mein Gefühl völlig daneben. Sowas sollte man nie machen ...« Künftig ließ er die Finger von Stücken, die ihm nicht – oder noch nicht – lagen.

Auch fing Kempes Mangel an Kompromißbereitschaft in künstlerischen Dingen bereits damals an, sich hie und da unangenehm bemerkbar zu machen. Waren in verschiedenen Orchestern schon Stimmen laut geworden: »Den wollen wir nicht wieder, der ist viel zu anstrengend!«, so wurde es in Chemnitz vollends ungemütlich, als ein Tenor ins Regiefach überwechselte und Oberspielleiter wurde. Als er in dieser Eigenschaft eines Tages Kempes Geduld erschöpft hatte – wofür man ihm nachträglich dankbar sein muß –, kündigte Kempe seinen Chemnitzer Vertrag kurz vor Ende der Spielzeit (im Sommer 1948) – ohne für die neue ein festes Engagement zu haben.

Vier Wochen später kam der Ruf nach Weimar.

Es sollte nur eine einzige Spielzeit sein, in der Rudolf Kempe dem Nationaltheater verpflichtet war; dennoch bedeutete Weimar für ihn, nach Chemnitz, mehr als nur Durchgangsstation: dank der musikalischen Tradition, die – im 18. Jahrhundert durch Johann Sebastian Bach, im 19. durch Franz Liszt entscheidend geprägt – neben der literarischen Bedeutung dieser Stadt gelegentlich übersehen wird.

Als Stellvertretender Generalmusikdirektor neben Hermann Abendroth, der fast ausschließlich Konzerte dirigierte, war er für die Oper allein verantwortlich. Mit einem sehr guten Ensemble, dem Sänger wie Gerhard Unger, Maria Rolle und Karl Paul angehörten, brachte er innerhalb kurzer Zeit *La Bohème* neu heraus, *Romeo und Julia* von Sutermeister, *Troubadour, Tiefland* und – zum Abschluß der Spielzeit und zur Feier von Richard Strauss' 85. Geburtstag – dessen Spätwerk *Capriccio*. Dies bedeutete für Weimar die Erstaufführung eines Stückes, das seltsamerweise damals nirgendwo im Spielplan zu finden war. Für Rudolf Kempe aber war es die Vertiefung seiner durch *Arabella, Rosenkavalier* und *Salome* schon recht engen Beziehung zu Richard Strauss. Mehr noch: Dieses zauberhafte »Konversationsstück mit Musik« liebte er deshalb so sehr, weil es ihm weit über das eigentliche Sujet hinaus – die Frage des Vorrangs von Wort oder Ton – Entscheidendes symbolisierte: die Möglichkeit, jahrhundertealte Konflikte auf unpolemische, auf menschliche Weise zu lösen. Ein Rezept, das in allen möglichen und unmöglichen Situationen anzuwenden zeitlebens ein Steckenpferd von Rudolf Kempe war ...

Was sein inzwischen erworbenes Repertoire betraf, so hatte die Oper darin bedenkliches Übergewicht; Gelegenheit, Konzerte zu dirigieren – in Weimar ihm vertraglich versagt –, hatte er, außer in Chemnitz, in Leipzig wahrgenommen (nicht mehr mit der »Harmonie« allerdings, sondern mit dem Rundfunk-Orchester). Im heimatlichen Dresden war es die Philharmonie, die ihn schon jahrelang für Konzerte engagierte. Fast schien es, als ob die beiden großen Orchester in Dresden und Leipzig, die ihn als Musiker quasi in die Welt gesetzt hatten, von seinem Durchbruch zum Dirigenten noch keine Notiz genommen hätten.

Da kam eine Einladung der Staatskapelle Dresden. Für ein Konzert am 17. Februar 1949. Wie anders hätte er es beginnen können als mit der *Zauberflöten*-Ouvertüre ...

Und damit war's passiert – die einseitige Liebe des Gastwirtssohns und OSK-Studenten Rudi Kempe zur Dresdner Staatskapelle fing an, langsam aber sicher eine gegenseitige zu werden. Sie ist es bis heute geblieben.

Josef Keilberth hatte ihn eingeladen – und Josef Keilberth schlug ihm vor, für ganz nach Dresden zu kommen, als Staatskapellmeister und als sein Stellvertreter. Nach anfänglichem Zögern, die Chefposition in Weimar aufzugeben, dann aber auf eindringliches Zureden Keilberths, »er werde es sicher nicht zu bereuen haben«, nahm Kempe an.

32

Wenige Wochen später hatte Keilberth Dresden verlassen. Für immer. Sein Nachfolger hieß Rudolf Kempe.

Dresdens weltberühmte Oper lag in Trümmern; so liegt sie noch heute. Aber auf der Bühne des nüchternen ehemaligen Schauspielhauses stand 1949 ein Sänger-Ensemble, das alte Glanzzeiten neu beschwor: Gottlob Frick, Christel Goltz, Kurt Böhme, Josef Herrmann; Gudrun Wuestemann, Karl Paul, Elfriede Trötschel, Manfred Hübner; Arno Schellenberg, Dora Zschille, Heinrich Pflanzl und, als blutjunge Anfänger, Gerhard Stolze und Theo Adam. Einige von ihnen mochten Kempe zunächst mit Skepsis begegnet sein – (ausgepichte Theaterhasen lassen sich nur ungern von einem neuen Chef gleich in den ersten Proben ihre altgewohnten, vielgeliebten und ach so italienischen Fermaten wegnehmen); doch gewann er sich bald ihre Achtung: er wußte zu überzeugen – so jung er war. Das heißt, er war immerhin fast vierzig; »das Zeitalter, in dem man ohne Skrupel und Repertoire als ›Twen‹ ein solches Amt antritt, war noch nicht angebrochen ...«. Kempe war sich der Schwierigkeit seiner Aufgabe als Dresdner Opern- und Kapellchef wohl bewußt. Die Tatsache, daß er als erste Neueinstudierung sich eine »harmlose« Spieloper wie *Don Pasquale* aussuchte, ist nicht unbedingt nur auf eine persönliche Neigung für dieses Genre zurückzuführen.

Festen Rückhalt hatte er sehr bald auch im Orchester. Dort saß noch immer Johannes König an der Ersten Oboe, an der Ersten Klarinette sein Kammermusiklehrer Karl Schütte; und mancher Studienfreund aus unbeschwerten OSK-Zeiten, nun altehrwürdiges Kapellmitglied, folgte neidlos, ja voll Stolz dem Stab von »Rudi« Kempe. Selbst der Kapell-Vorstand und Herr über Wohl und Wehe nicht nur des Orchesters – er trug den Beinamen »das Grab der Dirigenten« – selbst Arthur Tröber konnte nicht umhin, dem neuen Kapell-Chef die »restlose Hingabe des Orchesters« zu bestätigen. (Er gehörte zu denen, die seinerzeit ein Bürschchen in kurzen Hosen in jenen vierten Stock geholt hatten ...) »Sie alle haben mir's auch leicht gemacht. Mag sein, weil ich seit Menschengedenken der erste Dresdner am Pult war ...«

So sollten alle Wege seines Lebens hier sich kreuzen: die er durch Kindheit und Studienzeit gegangen war, und die ihn in verhältnismäßig kleinem Kreis – der vieles umschloß – wieder hierhergeführt hatten. Und die ihn zu ebendiesem Zeitpunkt, der Mitte seines Musikerdaseins, von hier aus weit und weiter wiesen ...

Wenn er – trotz allem – immer wieder hierher zurückkehrte, wenn in seinen Konzerten selbst nach dem hinreißendsten Schluß für Augenblicke atemlose Stille herrschte – dann spürten die Dresdner, spürte Rudolf Kempe: sein Mittelpunkt war geblieben.

»Beruflich waren es bestimmt die schönsten Jahre meines Lebens – der letzte Augenblick im ›Paradies‹: mit Oper, Konzert und Kammermusik das ganze Jahr an *einem* Haus. Mit einem Ensemble, mit dem man *arbeiten* konnte. Und mit *diesem* Orchester . . .« Oft hat er sich zurückgesehnt. Aber »die Zeit, die ist ein sonderbar Ding« – wie es im *Rosenkavalier* heißt. Und Rudolf Kempe erfuhr, »wie man nichts halten soll . . .«

Der »Dresdner Rosenkavalier« wurde seine erste Schallplattenaufnahme – mit Margarete Bäumer als Marschallin, Tiana Lemnitz als Oktavian, der bezaubernden Sophie Ursula Richters und dem »Ochs« Kurt Böhmes, mit dem Kempe (auf der soliden Basis strittiger Fermaten) lebenslange Freundschaft verbinden sollte.

Zwei weitere Operngesamtaufnahmen mit ebenso hervorragender Besetzung, *Freischütz* und *Meistersinger,* sind aus der vierjährigen Dresdner Chef-Zeit Kempes erhalten, dank der Erfindung der Schallplatte. Doch neben allem Positiven, das unschätzbar ist, brachte nicht zuletzt gerade diese Erfindung der Musik wohl auch den endgültigen »Verlust des Paradieses«: Hatte im Nachkriegsdeutschland das Übel mit seinen Konsequenzen – geschichtsbedingt – etwas später zu grassieren angefangen als anderswo, so sorgte es nun umso unaufhaltsamer dafür, daß Musikliebhaber in Dresden wie in Hintertupfing es angesichts der abwechslungsreichen Konservenkost als Zumutung empfanden, in natura jahraus jahrein denselben Dirigenten, dieselben Sänger, dasselbe Orchester vorgesetzt zu bekommen. »Unstet und flüchtig« zu sein, war fortan das Los der Musiker.

Für Rudolf Kempe hatte sich diese Entwicklung schon in Weimar angebahnt. Von dort war er mehrfach zu Gastspielen an die Komische Oper Berlin geholt worden – von Walter Felsenstein, mit dem ihn sehr bald aufrichtige künstlerische Freundschaft verband. 1950 kam die Staatsoper Wien hinzu; das heißt, es kam ein Agent, der in Dresden einen Sänger suchen sollte – und statt dessen einen Dirigenten anschleppte. Als man sich in Wien überzeugen konnte, daß dieser (dort noch ziemlich unbekannte) »junge, hochbegabte Dirigent auch ohne Probe offenbar in bester Fühlung mit Bühne wie Orchester stand« (so die Wiener Presse), und das selbst dann, wenn man ihm erst eine halbe Stunde vor Vorstellungsbeginn (nämlich bei der verspäteten Ankunft am Flughafen) eröffnete, er habe *Aida* und nicht *Tosca* zu dirigieren, da wurde er zu einer Art ständigen Einrichtung in Wien: Jahrelang dirigierte er bis zu 40 Abende pro Saison im Theater an der Wien, im Redoutensaal und später im wiedereröffneten Haus am Ring.

Es ließ sich kaum vermeiden, daß Kempe auf dem Weg von Dresden nach Wien – zwecks Paßumtausch, Besuch von Karl-Valentin-Vorstellungen und ähnlicher dunkler Machenschaften – in München Station machte; so wurde aus dem früheren Dreieck Dresden–Wien–Berlin eines Tages das Dreieck Dresden–Wien–München, ohne daß er sich's versah.

Nicht unmittelbar auf dieser Route allerdings lag Barcelona. »Aber ich hätte nicht den Mut gehabt, meinen ersten ›Ring‹ in Bayreuth zu dirigieren. Deshalb war mir ›der Welt größte Schmiere‹, wie Barcelona in Theaterkreisen boshaft genannt wird, zum Ausprobieren gerade recht. Sänger wie Max Lorenz, Gertrude Grob-Prandl, Ludwig Weber, später Bernd Aldenhoff, Kurt Böhme, Georgine von Milinkovic und August Seider waren mit von der Partie. Was wir in Barcelona erlebten, war wirklich ausgesprochen spanisch . . .« – und bot Gelegenheit, den *Ring* rückwärts zu lernen.

Worüber Kempe später oft philosophierte, war die Frage, warum er sich 1952 plötzlich als Generalmusikdirektor der Bayerischen Staatsoper in München fand. »Nachdem die Ära Georg Hartmann/Georg Solti zu Ende war, hat München offensichtlich wieder einen Dirigenten gesucht, der dem Vornamen nach zum neuen Intendanten paßte.« Was auf ihn unleugbar zutraf.

Daß man in jenen Jahren in München bereits mehr sächsisch als bayrisch hörte, ist sattsam bekannt; so ließ die letzte der im Laufe der Menschheitsgeschichte anscheinend unvermeidlichen Völkerwanderungen Kempe manches vertraute Gesicht im Prinzregententheater wiederfinden: An der Ersten Oboe saß der Jugendfreund und König-Schüler Herbert Karger, und vom Konzertmeisterpult kam ebenso unverkennbar heimatliches Idiom. Alte Bekannte waren der Regisseur Heinz Arnold (der schon in dunklen Chemnitzer Zeiten für Beleuchtung gekämpft und in Dresden manche Einstudierung gemeinsam mit Kempe zum Erfolg gebracht hatte), die Sänger Kurt Böhme, Bernd Aldenhoff und August Seider, Elfriede Trötschel, Gottlob Frick und andere »unstete und flüchtige« Kollegen. Sie alle taten ihr möglichstes, um untereinander kein Heimweh aufkommen zu lassen – Heimweh nach der »guten alten Zeit«. Neue Begegnungen mit großartigen Sängerdarstellern wie Astrid Varnay, Lisa della Casa, Hans Hotter, Hertha Töpper, Marianne Schech und Hermann Uhde kamen hinzu, musikalisch und menschlich gleich wertvoll. Mit diesen Sängern brachte Rudolf Kempe zwischen 1952 und 1954 (neben zahlreichen Repertoire-Aufführungen und unter allerhand Schwierigkeiten) die Neueinstudierungen von *Fidelio, Arabella, Jeanne d'Arc* von Honegger, *Traviata*, Strauss' *Liebe der Danae, Carmen, Falstaff, Bernauerin* von Orff und *Frau ohne Schatten* heraus. Und der Verdacht liegt nahe, daß sie (trotz besagter Schwierigkeiten) nicht alle und durchweg so unerfreulich waren, wie die Münchner Presse sie darzustellen sich bemühte – um Rudolf Kempe gleich seinen Kollegen Solti, Fricsay, Furtwängler und Clemens Krauss (die Liste ließe sich beliebig fortsetzen) einer wenig ruhmvollen Münchner Tradition gemäß »fertigzumachen«. Selbst als diese Bemühungen offen in Pamphlete ausarteten (wobei die jeweiligen Verfasser in schöner Eintracht ihre besonders gelungenen Bonmots wörtlich voneinander abschrieben), gelang es nicht gänzlich, spontane Sympathiekundgebungen des Münchner Publikums für seinen Opernchef zu unterbinden. Er selbst hob nur die Schultern: »'S gibt eben Leute, die hören den Beckenschlag aus der Carmen-Ouvertüre lieber im langsamen Satz der Siebten Bruckners. Bloß – da gefällt er mir wieder nicht ...« Den Vorschlag seines ihm überaus wohlgesonnenen Kollegen Knappertsbusch bezüglich Kritikerbehandlung zu befolgen (ein Vorschlag, der leider nicht zitiert werden kann) – wäre Kempe nie eingefallen. War es doch mitnichten das mühsam zum Casus belli hochgespielte Presse-Echo jenes Beckenschlags, das »Kempe aus München vertrieb«. Vielmehr bewog ihn die Erkenntnis der Weisheit des Bassa Selim: »Wen man durch Wohltun nicht für sich gewinnen kann, den muß man sich vom Halse schaffen« dazu, Münchens Staub von den Füßen zu schütteln – für diesmal. Ohne Groll, im Herzen Karl Valentin, zog er von dannen.

Epilog: Kurz nach Bekanntwerden von Kempes langfristigen Engagements an die Opernhäuser von Wien, New York und London bemühte man sich in München in geradezu rührender Weise, dem scheidenden Opernchef alle jene Fähigkeiten aufs überschwenglichste zuzuschreiben, die man ihm vier Wochen zuvor aufs heftigste abgesprochen hatte – womit auch für Leute, die sich aufgeregt hatten, die Welt wieder in Ordnung war.

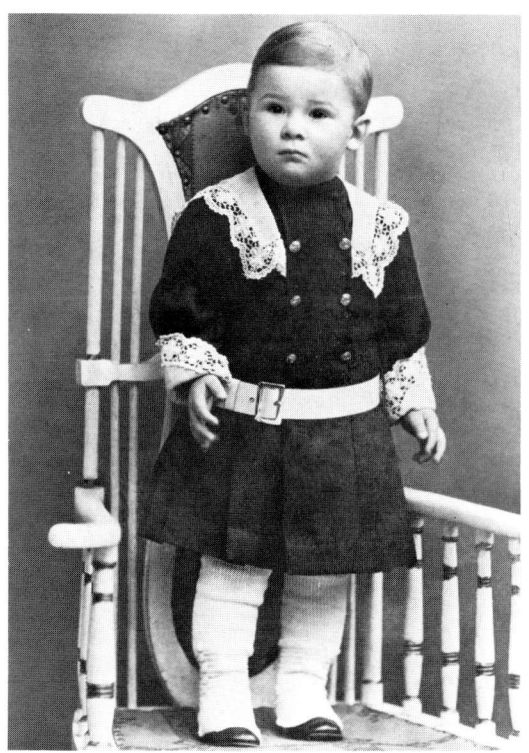

Rudi Kempe mit zwei Jahren – ein Kind wie jedes andere

Schulbeginn (1916)

Eine völlig unmusikalische Familie ... (1922)

◁ *Mit vierzehn von der »Kaufmännischen Hochschule« –*

– in die »Orchesterschule der Staatskapelle Dresden«. Nur drei Treppen Unterschied ... (vorletzte Reihe 6. v. l.)

Folgende Seiten:
»Die ewigen Sorgen mit dem Instrument ...« Der junge Solo-Oboist des Gewandhaus-Orchesters in Leipzig (1929)

*Konzert des Gewandhaus-Orchesters mit dem Lehrergesangverein unter Günther Ramin in der Thomaskirche
zu Leipzig 1931; am Oboenpult: Rudi Kempe*

Urlaub im Allgäu (1929 – 1933)

Zwei Tassen Kakao – zwölf Stück Pflaumenkuchen

△ *»Aufstieg« – eines angehenden Dirigenten*

◁ *»Kollegen«:*
Johannes König und sein Schüler

Im elterlichen Gasthof »Zur guten Quelle«: Ständchen der erweiterten »Kapelle Donnerhack« für Mutter Kempe

»Vom Graaal ward ich zu euch dahergesandt ...« Lohengrin-Aufführung am Ostsee-Strand von Baabe 1934: Konzertmeister Kurt Stiehler und Mitglieder des Gewandhaus-Orchesters. Im Sand dirigierend: Rudi Kempe

Das Gewandhaus-Bläserquintett:
Die Kammervirtuosen Carl Bartuzat, Flöte; Rudi Kempe, Oboe; Wilhelm Krüger, Horn; Carl Schaefer, Fagott;
Willy Schreinicke, Klarinette

Klavierprobe in der Leipziger Oper mit dem Tenor August Seider (1935) ▷

Das Neue Theater in Leipzig (vor der Zerstörung im 2. Weltkrieg)

Zum ersten Mal am Opernpult in Leipzig 1935

Nach dem Krieg –   *Mit der Dresdner Philharmonie in der Christuskirche Seifhennersdorf*

Serenaden-Konzert im Burghof der Lungenheilstätte Kriebstein

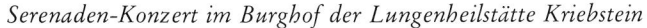

Die zerstörte Semper-Oper in Dresden

Das Große Haus (vormals Schauspiel-, heute Opernhaus) und der wiederaufgebaute Teil des Zwingers

Abschiedsvorstellung »Daphne« von Richard Strauss mit Gudrun Wuestemann und Werner Liebing

△ Die Dresdner wollen »ihren« Rudolf Kempe nicht gehen lassen ... ▽

Seiten 49 und 50:

Chef der Sächsischen Staatskapelle und Direktor der Staatsoper Dresden 1949–1953

Generalmusikdirektor der Bayerischen Staatsoper in München 1952–1954

◁ *Besprechung mit Heidemarie Hatheyer, Carl Orff und Rudolf Hartmann während der Proben zu Orffs »Bernauerin« 1954*

▷ *Nach der Festspiel-Aufführung »Don Giovanni« 1954 mit Lisa della Casa (links oben), Erika Köth (unten Mitte), Jerome Hines (dahinter) und Benno Kusche (im Hintergrund rechts)*

▽ *Neuinszenierung »Jeanne d'Arc« von Arthur Honegger im Prinzregententheater 1953*

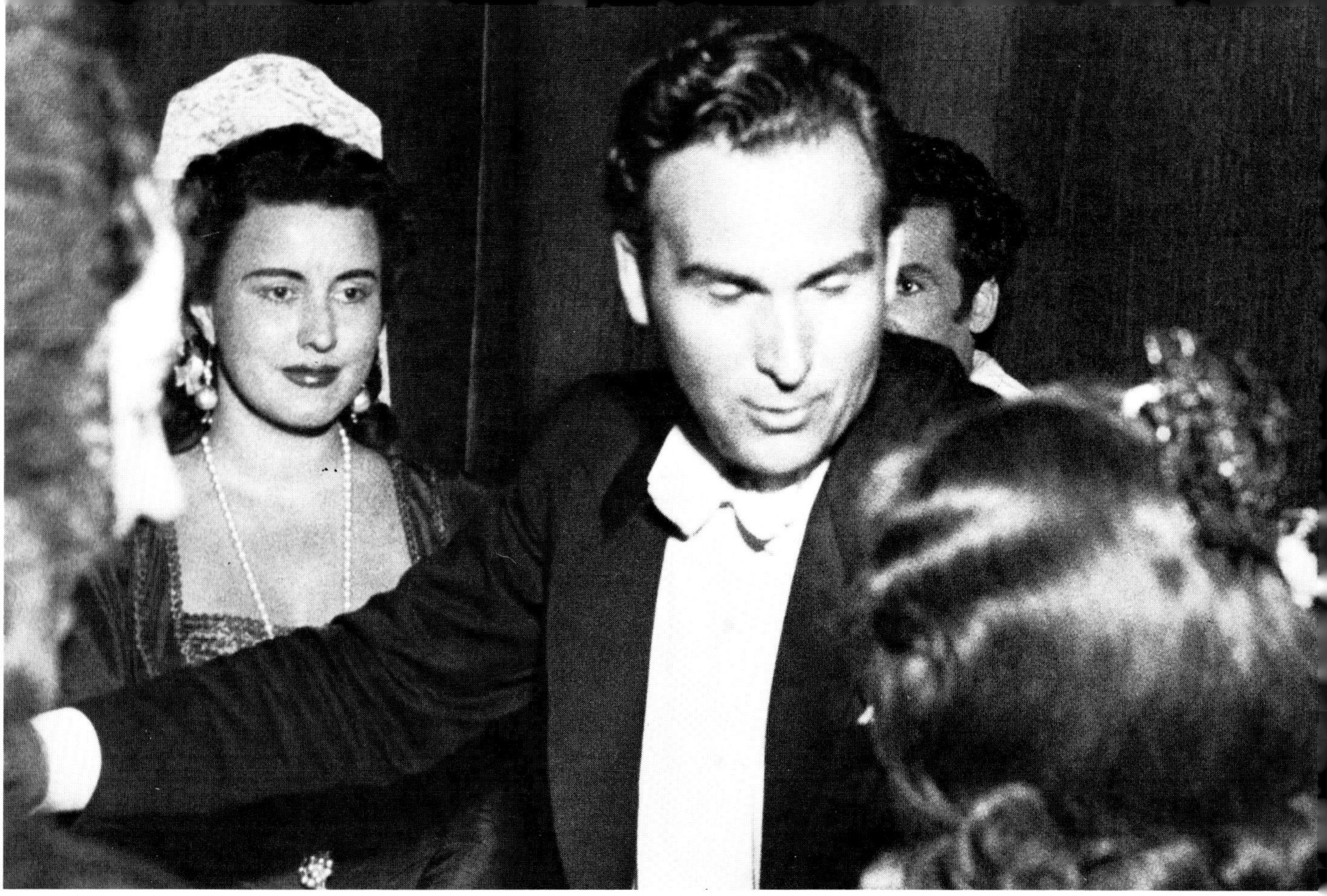

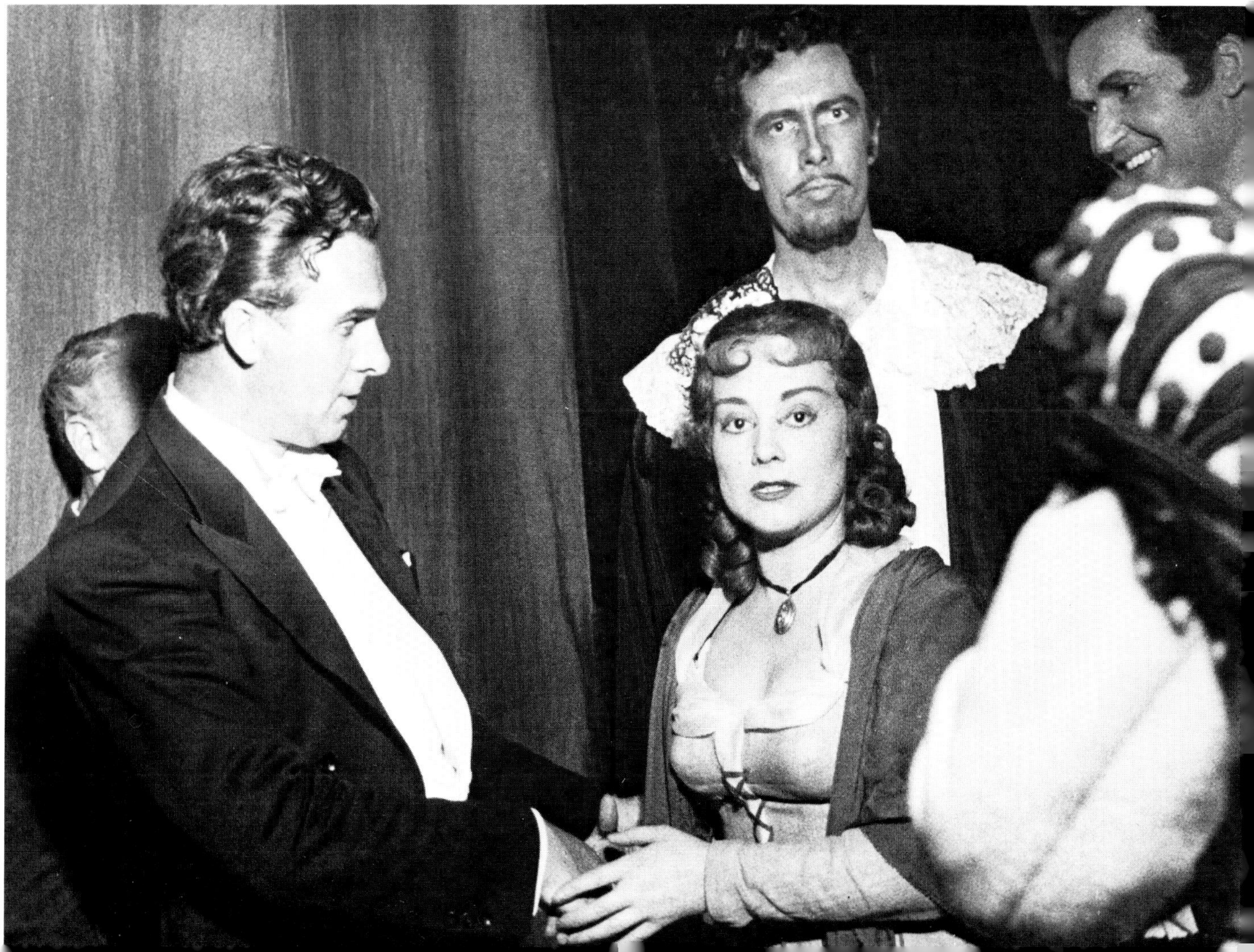

Abschied von München, »kurz gefaßt« – – –

Jet Set

»Da fährt man nun in der Welt herum und zerteilt die Luft ...«

Von allen Künstlern, die in jenen Jahren mehr oder weniger freiwillig in den Bann des Jet Set gerieten, war Rudolf Kempe bestimmt der unfreiwilligste. Und nicht nur, weil er das Reisen inbrünstig haßte; die damit verbundenen Ärgernisse hat er zu jeder Zeit, wenn auch seufzend, ebenso auf sich genommen wie den Kampf mit Frackschleifen, Kragenknöpfen und widerwärtig gestärkten Hemdbrüsten: als ein Teil der Disziplin, die man sich in diesem Beruf eben aufzuerlegen hat. Vielmehr resultierte seine Abneigung hauptsächlich aus der Erkenntnis dessen, was sich Ende der vierziger Jahre abgezeichnet hatte und während der Münchener Chef-Zeit für Kempe klar zutage getreten war: der Tod des Ensemble-Theaters – eine nicht mehr hinwegzudiskutierende Tatsache. In der Oper, die praktisch alle denkbaren Formen nachschaffender Kunst zu vereinen hat, mußte die negative Entwicklung der Zeit – für empfindliche Naturen wie Kempe – am deutlichsten spürbar werden, und damit die Unmöglichkeit, je wieder an *einem* Hause kontinuierlich arbeiten zu können in der Art, wie Kempe es nun mal nicht anders wollte. So kam es, daß in der zweiten Hälfte seiner Laufbahn das berufliche Schwergewicht sich mehr und mehr aufs Konzertpodium verlagerte. Oft fragte man ihn später, ob es ihm nicht leid tue, kaum noch Oper zu dirigieren. »Um die Musik tut's mir allerdings leid, sehr sogar; aber was nützt die schönste Musik, wenn ich nicht die Möglichkeit habe, sie annähernd so zu machen, wie ich mir's vorstelle?« Diese Möglichkeit war nur noch gegeben in Opernhäusern mit Stagione-Betrieb, wo Inszenierungen nicht jahrelang mit ständig wechselnder Besetzung ungeprobt durch den Spielplan geschleift, sondern intensiv erarbeitet werden – und sei es für nur wenige Aufführungen.

Zu einer solchen Stagione war Kempe von Rudolf Bing 1955 an die New Yorker Metropolitan Opera eingeladen worden, als erster deutscher Dirigent nach dem Kriege: für die amerikanische Erstaufführung der *Arabella*. »Daß das Stück hier neu war, war in der ersten Orchesterprobe allerdings nicht zu überhören. Aber schon in der zweiten habe ich meinen Ohren kaum getraut!« Und die Brillanz des Orchesters in der Aufführung konnte es mit der der profiliertesten »Strauss«-Orchester Europas aufnehmen. Unter der Regie von Herbert Graf, mit Eleanor Steaber als Arabella, Hilde Güden als Zdenka und George London als Mandryka wurde die *Arabella* ein amerikanischer Erfolg. Für Kempe war sie, zusammen mit dem »Met-Rosenkavalier« des folgenden Jahres, das amerikanische Glied in der Kette, an der man ihm alsbald das Etikett des Strauss-Experten um den Hals hängte. Wogegen er nicht allzu viel einzuwenden hatte. Dasjenige des Wagner-Spezialisten, an der Met durch seinen *Tannhäuser, Tristan* und *Meistersinger* eingehandelt, hat er später nicht mehr ganz so gern getragen.

Die Einstudierung von Pfitzners *Palestrina,* den er glühend liebte, im Salzburger Festspielsommer 1955 (mit Max Lorenz, Ferdinand Frantz, Gottlob Frick, Elisabeth Söderstroem, Jean Madeira und den Wiener Philharmonikern) machte Kempe große Freude. Und mit vergnügter Verwunderung hörte er ein halbes Jahr später in New York seinen Kollegen Mitropoulos darüber berichten: »Ich habe diesen Palestrina zwar nicht selbst gehört, aber man sagt, er soll miserabel gewesen sein. Wenn ich nur noch wüßte, wer ihn dirigierte.« Kempes unverhohlenes Schmunzeln wurde breiter. »Ach, Sie haben ihn wohl gehört?« erkundigte sich Mitropoulos. »Nein, das nicht. Nur dirigiert.« Kempes befreiendes Lachen bewahrte den Ärmsten davor, unmittelbar vom Schlagfluß ereilt zu werden. »Irgend etwas muß mit meinem Palestrina wohl nicht gestimmt haben. Denn es soll Leute gegeben haben, die ihn ganz gut fanden. Vielleicht sogar zu gut . . .« (Das internationale Presse-Echo jedenfalls war enthusiastisch.)

In Wien war die Arbeit mit den Philharmonikern, die übrigens aufs Opernrepertoire beschränkt blieb (Konzerte dirigierte Kempe nur bei den Symphonikern), nach wie vor der Crux des Probenmangels unterworfen – mit Ausnahme von zwei Einstudierungen, Verdis *Simone Boccanegra* 1951 und Egks *Revisor* 1958. An Repertoire-Vorstellungen hatte Kempe in Wien fast alles dirigiert, zumal erstaunlich viel italienische Oper. Erstaunlich, weil die weitverbreitete Ansicht, italienische Musik könne nur von Italienern gemacht werden, offensichtlich zu den wenigen Vorurteilen gehörte, die in Wien nicht herrschten: Kempes *Simone,* sein *Othello,* seine *Bohème* wurden stürmisch gefeiert; und manche Stimme wurde laut: »Man sollte Kempe festhalten. Wir brauchen so einen Mann an unserer Oper.« Ebenso erstaunlich und zumindest für Nicht-Wiener unerklärlich war ein anderes, weithin bekanntes Phänomen: Die Wiener Repertoire-Vorstellungen können – unabhängig von den Bemühungen des jeweiligen Dirigenten wie von der meist hervorragenden Sängerbesetzung – einmal hinreißend gelingen (». . . es gab *einen* Fidelio, den ich nie vergessen werde . . .«), ein andermal etwas weniger hinreißend. Dieses Geheimnis zu enträtseln überließ Kempe eines Tages freiwillig dem kommenden Opernchef. Dieser fühlte sich ob der Wiener Begeisterung für Kempe offenbar so unbehaglich, daß er seinen Vertrag nicht unterschreiben mochte. Kempe enthob ihn seiner Sorgen – und tauchte fortan, wenn überhaupt, vorwiegend zum Privatvergnügen in Wien auf. »Im Weißen Rauchfangkehrer ist es elend gemütlich!« Sein Opernherz hatte er inzwischen anderswo verloren . . .

Unter seinen Schallplattenaufnahmen mit den Wiener Philharmonikern ist eine, von der er – ganz gegen seine Gewohnheit – sagt: »Die höre ich mir heute noch gern an. Wie diese Wiener den »Gold und Silber«-Walzer spielen, das ist zum Weinen schön!« Aber auch die *Lohengrin*-Aufnahme (bereits Kempes zweite), durch die von Dietrich Fischer-Dieskau erwähnte Sängerhysterie leicht ins Wanken geraten, kam doch noch zu einem guten Ende. Zu einem »happy end« allerdings kommt erst seine dritte, eine Zehn-Minuten-Fassung des Stücks, die an jene »Inszenierung« in Baabe anknüpft. (Vielleicht wird sie dermaleinst der Öffentlichkeit zugänglich gemacht – für Wagner-Fans, die Humor haben.)

Die mutmaßliche Befürchtung der Wiener Philharmoniker, Kempe sei mehr Opern- als Konzertdirigent, wurde offensichtlich nicht geteilt von ihren Konkurrenten in Berlin: Seit 1955 bestand eine »Liaison« zwischen Kempe und den Berliner Philharmonikern, die – neben Konzerten in Berlin wie zu den Salzburger und Edinburgher Festspielen – auch in mancher Schallplattenaufnahme ihren Niederschlag fand. Wenn Kempe dabei gewohnheitsmäßig auf Kleinigkeiten wie werkgerechter Besetzungsstärke und ähnlichem zu insistieren pflegte (bis solches Insistieren höherenorts mißfiel), so war doch in seiner Zusammenarbeit mit den Berliner Philharmonikern von der legendären Urfehde zwischen Sachsen und Preußen nie etwas zu merken.

Wohl kaum hätte Rudolf Kempe die Hektik dieser Jahre ertragen, hätte er nicht inzwischen eine neue geistige Heimat gefunden, in der er sich wohl – und verstanden – fühlte wie kaum irgendwo anders . . .

Im Juli 1953 hatte er zum letztenmal – als Chef – den Stab in Dresden gehoben. Zwei Monate später hob er ihn zum erstenmal in London. Und war zu Hause. »Mit der Sprache hat's zwar gehapert am Anfang . . .« – er hatte in der Schule nur Französisch gelernt. Aber seine musikalische Sprache wurde in England sofort verstanden. Den Rest brachte er sich zwischen Tür und Angel bei; und es dauerte nicht lange, bis im Gewühl am Piccadilly oder Hyde Park Corner unter Hunderten von Passanten ausgerechnet immer er nach dem Weg gefragt wurde. Und da er dank stundenlanger Fußmärsche durch die Stadt sie wie seine Westentasche kannte, wußte er immer Antwort – mit nur ganz leicht sächsischem Akzent. In Covent Garden hatte es angefangen, anläßlich des Gastspiels der Bayerischen Staatsoper mit *Arabella* und *Liebe der Danae*. Vier Wochen später holte man Kempe allein dorthin – für *Salome;* ein halbes Jahr später für *Elektra*. Der *Rosenkavalier* folgte, und als der erste *Ring* kam, im Mai 1955, war Kempes Liebe zu diesem Haus längst besiegelt. Es war nicht nur die Tatsache, daß er hier proben konnte, wie er wollte – auch wenn's nur für drei Aufführungen war – und daß die besten Sänger und Darsteller, die es gab, in Covent Garden zur Verfügung standen: Es war die Art, wie hier gearbeitet wurde, die ihn gefangennahm. Vom größten Star bis zur Scheuerfrau war jeder zu jedem gleich nett und freundlich; schien jeder auf nichts anderes aus zu sein, als seine Fähigkeiten und Interessen dem Ganzen ein- und unterzuordnen. Intrigen schien es nicht zu geben. Und wenn, dann wurden sie mit so viel Takt kaschiert, daß sie die Atmosphäre nicht zu stören vermochten. Hinzu kam für Kempe die überraschende Entdeckung, daß die Engländer, in Deutschland von jeher als kühl und amusisch verkannt, von einer Lebendigkeit der Musikalität und Warmherzigkeit der Empfindung sind, die ihresgleichen sucht. Und man begegnete ihm in diesem Land mit einer Offenheit, ja Zuneigung, die – begreiflicherweise – Deutschen gegenüber nicht selbstverständlich war. Allerdings, daß er ein hoffnungslos unpolitisches Individuum war, konnte jeder Blinde ihm ansehen ...

Nicht lange, so wurde Kempe von den übrigen Londoner Orchestern auch aufs Konzertpodium geholt: London Symphony, Philharmonia, Royal Philharmonic, London Mozart Players und BBC Symphony Orchestra reichten ihn von Pult zu Pult herum, für Konzerte, Schallplatten-, Rundfunk- und Fernsehaufnahmen. Dazwischen kehrte er oft und gern in das herrlich altmodische Haus inmitten von Salat und Blumenkohl zurück: für *Fidelio, Tristan, Butterfly, Aida;* für *Zauberflöte, Maskenball* und seine 100. *Carmen* (mit besonders gleißendem Beckenschlag). Und für eine *Parsifal*-Einstudierung, die ihm sehr viel bedeutete. In den Londoner Stimmzimmern und Zeitungsüberschriften hatte mittlerweile ein Ausspruch zu kursieren begonnen: »Don't worry, Doctor Kempe is here!« – er erweckt den Eindruck, als ob Kempes Liebe zu England, seinen Musikern und seinem Publikum nicht unerwidert geblieben wäre ...

Als ihn daher eines Tages Sir Thomas Beecham in München anrufen ließ und ihn für ein Gespräch nach London bat – als er ihm in diesem Gespräch, das genau fünf Minuten dauerte, vorschlug, sich um das Wohl des Royal Philharmonic Orchestra zu kümmern – und als er ihm nahelegte: »Sie brauchen nur ja zu sagen, dann sehen Sie, wie einfach das Leben ist!« – da war es tatsächlich sehr einfach. 24 Stunden später sagte Kempe »ja«. Das war 1961, und es begann die längste Ehe, die er je mit einem Orchester führen sollte.

Eine andere, zwar nur »zur linken Hand«, aber dennoch recht innig, hatte er auf dem Kontinent schon seit 10 Jahren: mit den Bamberger Symphonikern. Das vom Prager Geist noch immer unverkennbar geprägte Musikantentum dieses Orchesters, sein warmer Klang – der aus warmen Herzen kam – ließen durch zahlreiche und unter allerhand Mühsalen im In- und Ausland gemeinsam geschlagene Tournee-Schlachten hindurch diese Verbindung ein Vierteljahrhundert lang halten. Manches aus ihr existiert auf Schallplatte; zum Beispiel *Die verkaufte Braut* (mit Fritz Wunderlich, Pilar Lorengar und »Lobl« Frick), von der Kempe – wohl nicht ganz zu unrecht – sagt: »So hinreißend wie die Bamberger das spielen, macht's ihnen nicht gleich jemand nach!«

Irgendwo an der von Kempe oft befahrenen Strecke zwischen dem malerisch verträumten Bamberg und dem nach wie vor geliebten Dresden liegt der vielgerühmte »Grüne Hügel«. Und irgendwann – genau gesagt 1960 – passierte es zum erstenmal, daß Kempe an ihm nicht vorbeikam. Nachdem sein *Ring* außer in Barcelona auch in London und München für sein Gefühl »nicht gänzlich danebengegangen« war, dirigierte er ihn nun – in Wolfgang Wagners Inszenierung – auch in Bayreuth. Die völlig ungewöhnlichen akustischen Verhältnisse des Festspielhauses allerdings bereiteten auch ihm kein allzu großes Vergnügen: »Nach der zweiten Orchesterprobe wäre ich am liebsten wieder abgereist!« – Der Orchesterraum, extrem tief liegend und nach hinten fast ins Bodenlose abfallend, ist nahezu gänzlich überdacht (was insbesondere bei den schweren Blechbläsern mitunter den Irrglauben erweckt, ums Leben spielen zu müssen). Was von der Bühne kommt, kann der Dirigent selbst den stimmgewaltigsten Sängern oft nur vom Mund ablesen. Und die Balance für den Hörer im Saal scheint dann am ehesten erreicht, wenn am Dirigentenpult alles dynamisch verzerrt klingt. »Aber man kann sich auch *daran* gewöhnen –« (Lugau seligen Angedenkens . . .). Jedenfalls scheinen sowohl Sänger wie Orchester unter Kempe zu ihrem Recht gekommen zu sein; er dirigierte den *Ring* vier Bayreuth-Sommer lang, bis zu seiner Erkrankung. 1967 folgte noch ein *Lohengrin;* später konnte Kempe sich nicht mehr aufraffen, die Sommermonate für Bayreuth zu opfern; er brauchte sie zur Erholung.

Akustisch auch für den Dirigenten erfreuliche Verhältnisse hatte er inzwischen in der Züricher Tonhalle kennen- und schätzengelernt; doch waren sie nicht ausschlaggebend, als er 1963 den Vertrag als Chef dieses Hauses unterschrieb: Das Orchester und sein Klang waren es, die ihm sehr schnell ans Herz wuchsen. Holzbläsersolisten von Spitzenqualität wetteiferten mit erstklassigem Blech (der schweizerische Fundus gerade dieser Gruppe scheint – im Gegensatz zu dem anderer Länder – unerschöpflich), und in den weichen Streicherklang mußte man sich einfach verlieben; vielleicht, weil an etlichen Pulten gebürtige Wiener spielten, auf die die Wiener Philharmoniker hätten stolz sein können? Vielleicht auch, weil so erfreulich viele Frauen in diesem Orchester saßen: »Ich habe das Gefühl, Frauen machen einfach mehr Vibrato!« – Für Kempe zumindest taten sie's. Gelegentlich auftretende, ganz und gar unschweizerische Abneigung gegen Präzision, durch ebenso gelegentliche, ganz und gar un-Kempesche Neigung zur Pedanterie sanft korrigiert, fiel daher nicht ins Gewicht. Und weit über die Jahre seiner Chef-Zeit hinaus blieben die Musiker der Tonhalle »halt immer noch ›meine‹ Züricher« – bis ganz zuletzt.

Ein weiterer für Kempe beglückender Umstand in Zürich war die Möglichkeit der Begegnung mit Solisten, die anderswo, zumal in Deutschland, nicht ohne weiteres zu haben waren – unter ihnen Arthur Rubinstein. Die Herzlichkeit der Podiums-Freundschaft zwischen den beiden zeigte sich so recht, als Rubinstein 1974, schon 88 Jahre alt, die Anstrengung nicht scheute, ein von ihm selbst kurzfristig angesetztes Züricher Konzert (in dem er Mozarts d-moll- *und* Beethovens Es-dur-Konzert spielte), extra auf den Nachmittag zu legen – mit einer einzigen Probe direkt davor. Nur um von Kempe begleitet zu werden, der anders nicht frei war. Übrigens, auch Kempe konnte Nachmittagskonzerte nicht leiden. Und es wurde ein allseits sehr erfreuliches Nachmittagskonzert.

Inmitten seiner angespannten Tätigkeit mit den Schwerpunkten London und Zürich blieb Kempe nicht allzuviel Zeit für Gastkonzerte mit fremden Orchestern; unter diesen waren es die italienischen – Scala Milano, Maggio Musicale Fiorentino sowie die RAI-Orchester von Turin, Milano und Rom –, deren Einladungen er gelegentlich annahm. Doch sei nicht verschwiegen, daß es vorwiegend die Schönheit des Landes – seinem Fotografenauge unerschöpflich –, die Liebe zur italienischen Sprache (die er sehr gut beherrschte) und, soprattutto, die Schwäche für Spaghetti al pomodoro und Fettucine all'Alfredo waren, die Kempe nach Italien zogen. Papst Johannes XXIII., für den im Vatikan zu konzertieren er bei einem seiner Rom-Gastspiele die Ehre hatte, wird ihm diese Schwäche ebenso verziehen haben wie seine durch und durch protestantische Wesensart, die jenem Konzert – unbeabsichtigt und unbemerkt – »ökumenischen« Charakter verlieh.

Im wesentlichen wurde Kempe von seinen festen Orchestern »durch die Gegend gejagt«, insbesondere von den Royal Philharmonic: Von der nördlichsten Spitze Schottlands bis ins südlichste Griechenland ersparten sie ihm nichts. Und selten sah man dabei mehr als Flughäfen, Hotels und Konzertsäle. Blieben jedoch einmal ein paar Stunden Zeit, sich die »Gegend« und die »Umgegend« anzusehen, so tat Kempe dies mit einer Intuitionsfähigkeit, ja Selbstvergessenheit, die ungewöhnlich war. Von einem Moment zum anderen konnte er im wörtlichen Sinn »eintauchen« in Menschen, Vorgänge, geistige Welten, denen er nie zuvor begegnet war – wie beispielsweise der klassischen Antike. Ob er auf dem Forum Romanum oder zwischen den Tempelruinen der Akropolis umherschlenderte: seine Fähigkeit, Querverbindungen herzustellen, aus Rhythmus und Gehalt einer fremden Sprache Erspürtes in seine musikalische Sprache zu übertragen – wie er es in den Wiedergaben der Antikenstoffe von Strauss vermochte –, grenzte fast ans Unheimliche und konnte manchen beschämen, der sich intensiver mit Sophokles und Euripides beschäftigt hatte. Wäre er sich dessen bewußt gewesen, er hätte wie immer »nichts dabei gefunden«. Einem unausweichlichen Gesetz zufolge verschlug es Kempe auf den Odysseen jener Jahre gelegentlich an die Orte seiner »Jugendsünden« – so unter anderem auch nach Leipzig. Das Gewandhaus zwar existierte nicht mehr, und die Kongreßhalle war ein trauriger Ersatz dafür, aber das Gewandhaus-Orchester war noch immer das Gewandhaus-Orchester – und nicht wenig stolz auf den ehemaligen Oboenkollegen, der es inzwischen zu Dirigentenweltruhm gebracht hatte.

Diesen sprach ihm nun nicht einmal München mehr ab, wohin er in seiner ganz und gar nicht übelnehmerischen Art mehrfach gastweise zurückkehrte: Kurt Böhmes 500. *Rosenkavalier*-Vorstellung (so manche gemeinsame unter den 499 »keinen Takt uns zu lang«) war Anlaß genug, der Bayerischen Staatsoper in der Pracht ihres inzwischen wiedererstandenen Hauses einen Besuch abzustatten. – Weit schwerer fiel Kempe das Betreten dieses Hauses wenige Tage nach Keilberths Tod, als man ihn die nächste Festspielaufführung zu übernehmen bat. »Selten in meinem Leben hat mich etwas so deprimiert wie der Beifall, mit dem ich empfangen wurde. Am liebsten wäre ich wieder umgekehrt ...«

Doch war dieser Beifall sicher nichts anderes als der Ausdruck spontaner Freude des Münchner Publikums über sein Wiedererscheinen am Opernpult. Und sicherlich ebenso echt war die Freude der Münchner, als er sich 1967 entschloß, »nebenan« die Leitung der Philharmoniker zu übernehmen.

Dieses Orchester, im Verlauf seiner damals 75jährigen Tradition durch Dirigenten wie Ferdinand Löwe, Felix von Weingartner, Hans Pfitzner und Siegmund von Hausegger, durch Oswald Kabasta, Hans Rosbaud und Fritz Rieger auf hohes Niveau gebracht, hatte in den Nachkriegsjahren bitter um seine Existenz kämpfen müssen. (Einen Konzertsaal und menschenwürdige Probenlokalitäten hat es bis heute nicht.) Trotz dieser und anderer Widrigkeiten, die die Philharmoniker gegenüber der Konkurrenz in Rundfunk und Oper erheblich benachteiligen, hat das Orchester sein Niveau zu halten vermocht – dank bayerischer Dickschädeligkeit und bayerischem Humor. Von ebensolchen Eigenschaften sächsischer, asiatischer und anderer »preißischer« Provenienz allmählich leicht durchzogen, erregten die Münchner Philharmoniker in den folgenden Jahren einiges Aufsehen in der internationalen Musikwelt: durch hervorragende Konzerte im In- und Ausland wie durch ihre Schallplatteneinspielungen vor allem der Beethoven-, Brahms- und Bruckner-Sinfonien. Ihrem Ausspruch edler philharmonischer Selbsterkenntnis: »*Laut* sind wir fast Weltklasse« konnte Kempe guten Gewissens hinzufügen: »Nicht *nur*.«

1968 wurden durch den Beginn der Strauss-Aufnahmen Kempes Beziehungen auch zu Dresden und zur Staatskapelle wieder enger als zuvor. Den Auftakt bildete die *Ariadne* – eine der Strauss-Opern, die allein vom Inhalt her Kempe ganz besonders am Herzen liegen mußten. Was Hofmannsthal und Strauss in diesem Stück gelungen war – die alle scheinbaren Gegensätze versöhnende Verschmelzung von Tragödie und Komödie – spiegelte Rudolf Kempes eigenes, innerstes Wesen wider. Nur wer ihn beispielsweise mit Bruckner *und* mit Johann Strauß erlebt hat, wird das verstehen – wird verstehen, warum er (wenn auf Tournee eine Zugabe unvermeidlich war) etwa Mahlers Erster Sinfonie, deren minutenlange D-dur-Schlußapotheose mit all ihrem Siegesjubel die Bitterkeit des Vorangegangenen nicht aufzulösen vermag, ein so herrlich albernes Stück wie den Kolo aus Gotovacs *Ero der Schelm* folgen ließ ...

Rudolf Kempe war sich des Vorhandenseins solcher Gegensätzlichkeiten – in ihm wie um ihn – wohl bewußt; ebenso unbeirrbar aber glaubte er auch an die Möglichkeit ihrer Vereinbarung – und trug sein Teil dazu bei, Gegensätzliches zu versöhnen, wo immer er musizierte: beim Prager Frühling oder für United Nations in New York.

London 1957 ▷

62

Metropolitan Opera New York 1955: *Orchesterprobe zu »Arabella«*

Ensemble-Probe mit Hilde Güden (am Flügel stehend), Eleanor Steber und Brian Sullivan; Klavierbegleitung Tibor Kozma

Nach der Premiere und amerikanischen Erstaufführung von »Arabella« mit Hilde Güden, Eleanor Steber, George London, John Gutman, Blanche Thebom und dem Regisseur Herbert Graf

Salzburger Festspiele 1955
»Palestrina« von Hans Pfitzner

Orchesterprobe mit den
Wiener Philharmonikern

Jean Madeira (»Silla«)

Elisabeth Söderström (»Ighino«)

Im Gespräch mit der Witwe Hans Pfitzners
und »Palestrina«-Darsteller Max Lorenz

Schallplattenaufnahmen
mit den Wiener Philharmonikern
im Musikvereinssaal (1958)

*Probe zur Neuinszenierung und österreichi-
schen Erstaufführung von Werner Egks »Revisor«, Staatsoper Wien im Redoutensaal 1958*

*Schallplatten-Aufnahme von Brahms' Violinkonzert mit
Yehudi Menuhin und den Berliner Philharmonikern 1957* △▽   *Royal Opera House Covent Garden, London* ▷

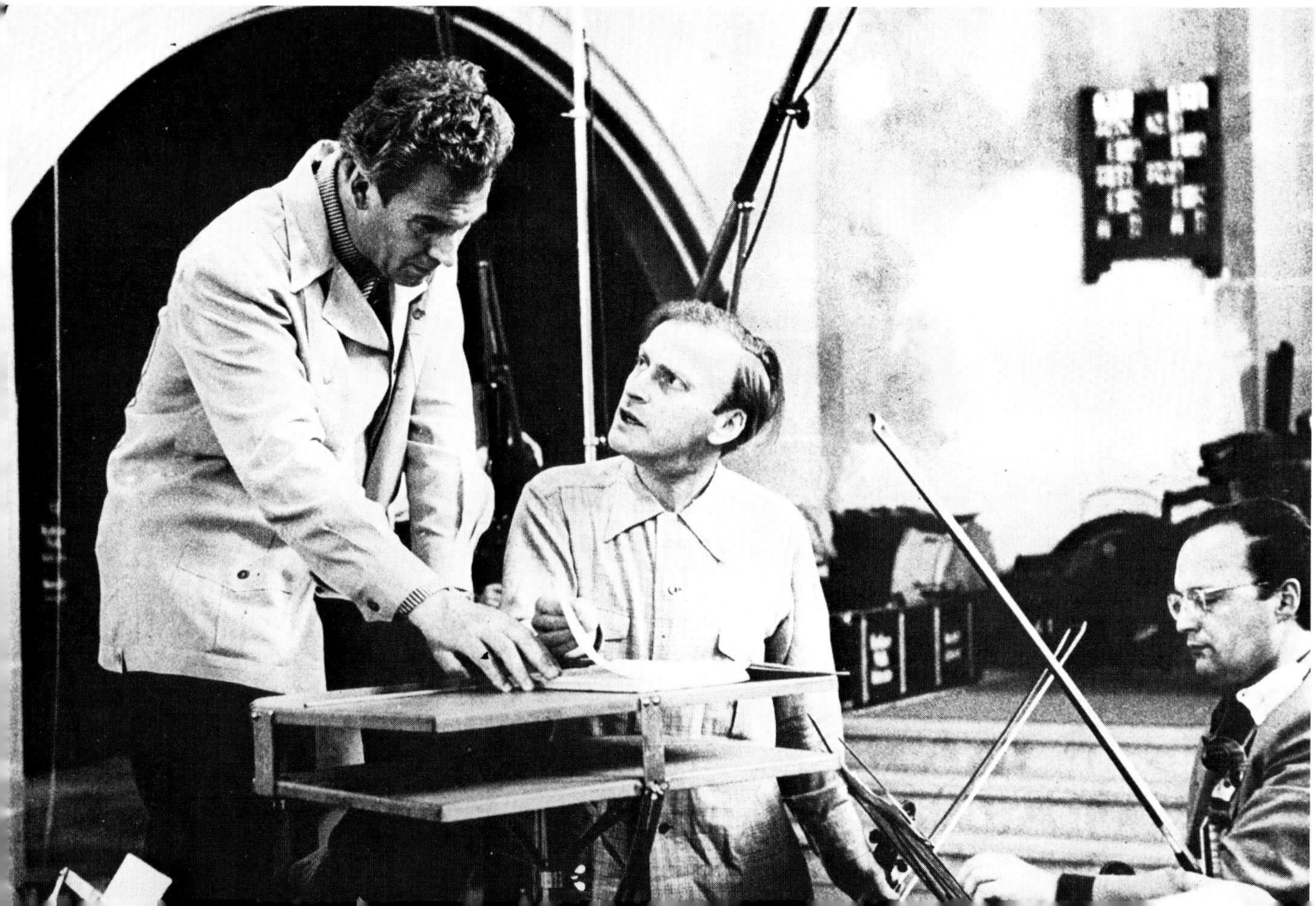

»Elektra«-Einstudierung 1957 mit Gerda Lammers (Elektra), Georgine von Milinkovic (Klytämnestra) und Hedwig Müller-Bütow (Chrysothemis)

»Parsifal« 1960

Hinter der Szene mit »Kundry« Gerda Lammers und dem Regisseur Herbert Graf

Generalprobe »Parsifal«

Im Orchester

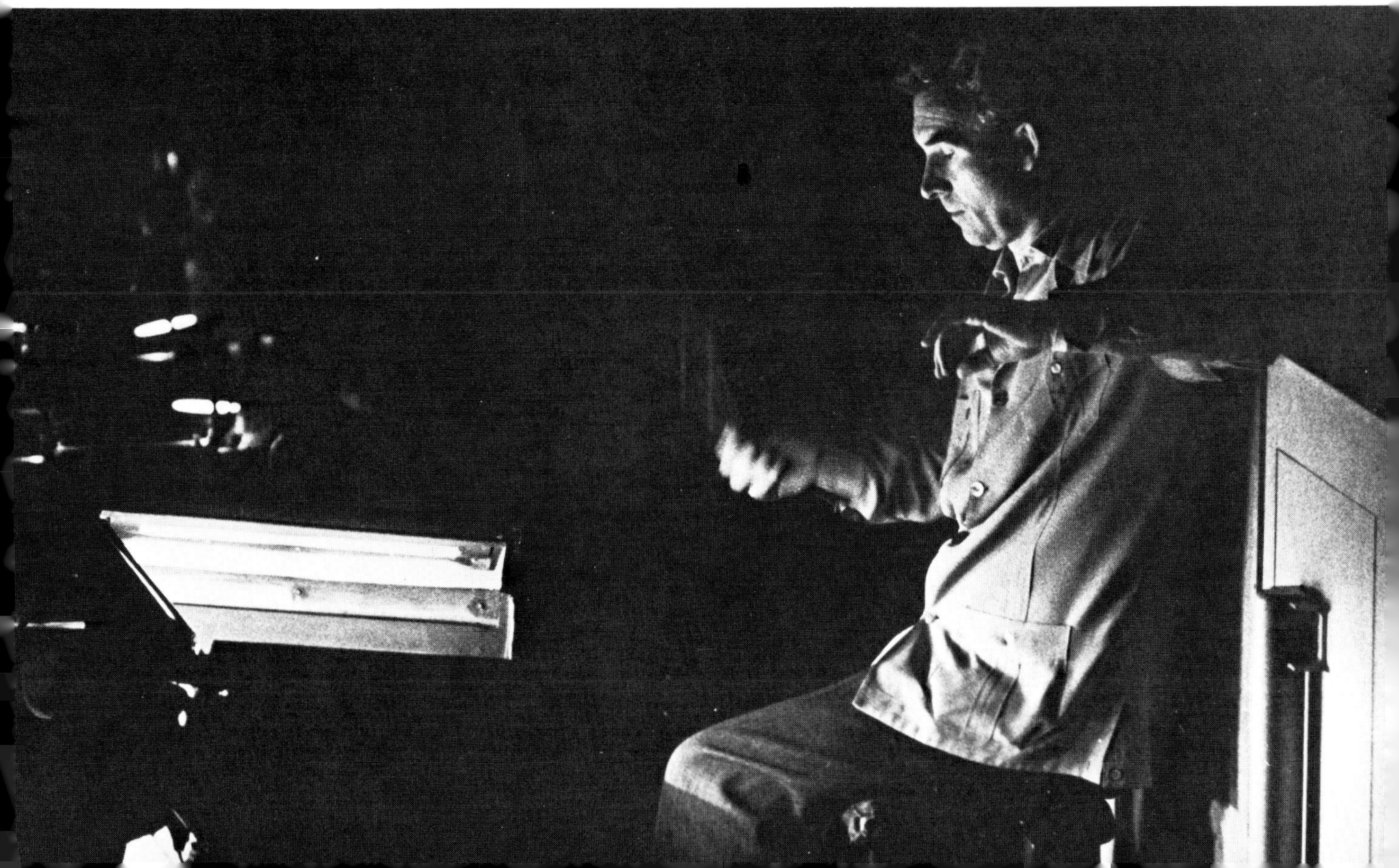

»Lohengrin«-Aufnahme
in Wien 1963

*Mit Dietrich Fischer-Dieskau
und Christa Ludwig
beim Abhören*

*Die Solisten Elisabeth Grümmer, Jess Thomas, Gottlob Frick, Dietrich Fischer-Dieskau und Christa Ludwig;
Chor der Wiener Staatsoper, Wiener Philharmoniker*

Royal Festival Hall,
London

Erste Probe mit dem Royal Philharmonic Orchestra als Nachfolger von Sir Thomas Beecham (1961)

Konzert mit dem Royal Philharmonic Orchestra in der Festival Hall – Nationalhymne

Die ersten weiblichen Mitglieder des Royal Philharmonic Orchestra
(»... Gott sei Dank! Orchester ohne Frauen erinnern so ans Militär ...«)

Der Dirigent im Orgel-Spiegel in der Festival Hall

Konzert in Bad Kissingen 1960

Die Bamberger Symphoniker

Aufnahme »Verkaufte Braut« in Bamberg 1962

Beim Abhören mit Fritz Wunderlich

Seiten 82 und 83 Bayreuth 1962: *Orchesterprobe (»... fast alles zu laut!«)* >

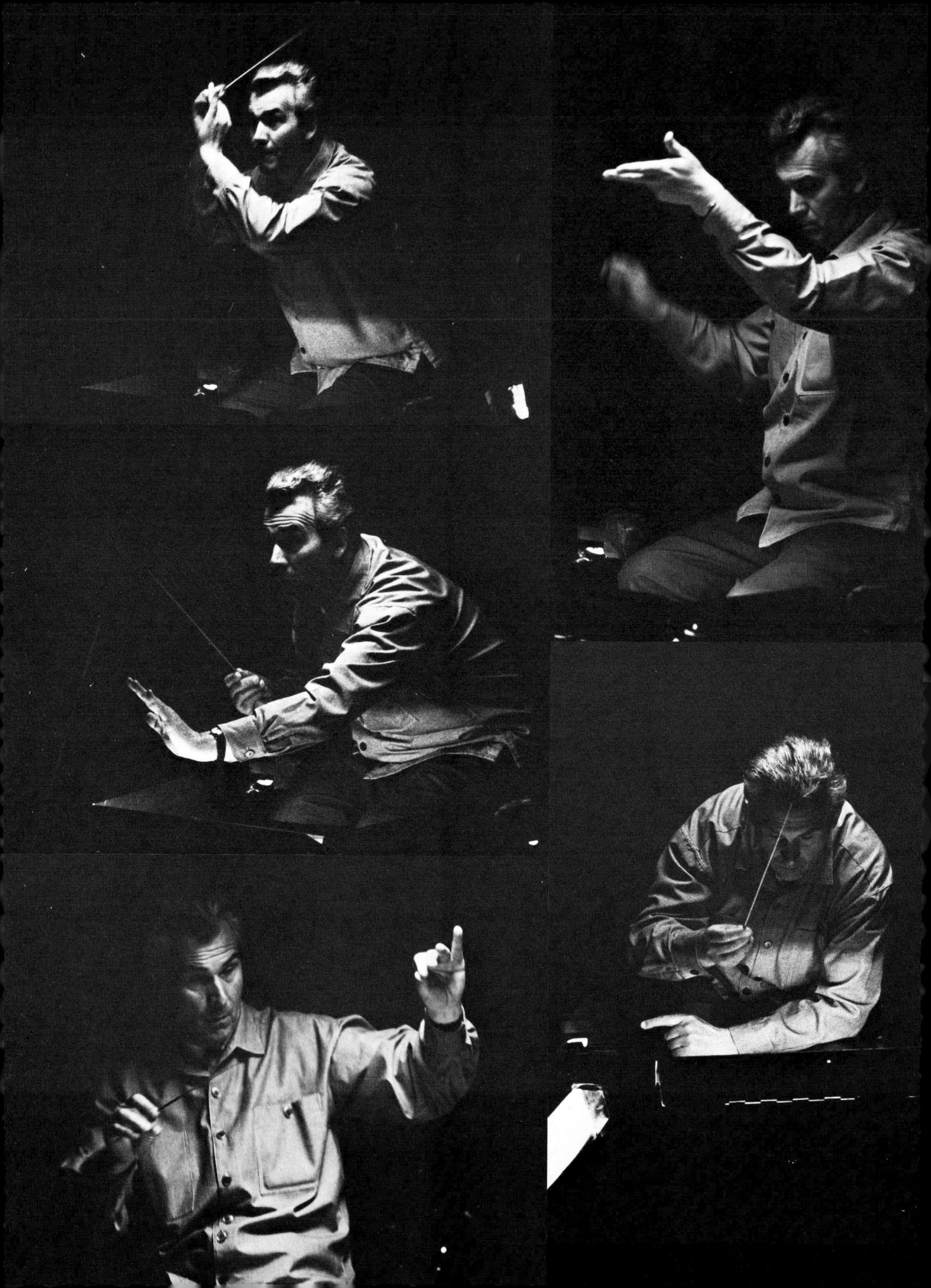

»Rheingold«-Klavierprobe mit »Loge« Kenneth Neate, 1963

Bayreuther »Ring« 1960–1963

Auf der Szene mit Regisseur Wolfgang Wagner (ganz rechts), 1961

Zürich 1963

Blumen für den neuen »Musikalischen Oberleiter« des Tonhalle-Orchesters

◁ Konzert in der Tonhalle Zürich ▷

In der Probe
mit Arthur Rubinstein ▽

Konzert mit dem Orchester der RAI Rom im Vatikan –

◁ *Petersdom*   Rom 1963

– für Papst Johannes XXIII.

Akropolis

Mit dem Royal Philharmonic Orchestra im Theater des Herodes Atticus, Athen-Festival 1965

Probe mit Annerose Schmidt und dem Gewandhaus-Orchester in Leipzig 1965

In der Pause mit Tochter Maria

Applaus in Leipzig

Wieder in München: Kurt Böhmes 500. Vorstellung als »Baron Ochs« im Rosenkavalier mit Erika Köth (Sophie), dahinter Herbert List (künstlerisches Betriebsbüro), Hertha Töpper (Octavian) und Ingrid Bjoner (Marschallin)

Chef der Münchner Philharmoniker 1967 ▷

Schallplatten-Aufnahmen
»Ariadne auf Naxos«
in Dresden 1968

◁ *»Ariadne« Gundula Janowitz*

▽ *»Zerbinetta« Sylvia Geszty*

◁ *Die Dresdner Staatskapelle*
in der Lukaskirche

▽ *Beim Abhören:*
Vorne Sylvia Geszty, dahinter
Teresa Zylis-Gara, rechts von
Kempe Theo Adam, Gundula
Janowitz, der Aufnahmeleiter
Dieter-Gerhard Worm (mit
Partitur) und Peter Schreier

Probe mit dem Royal Philharmonic Orchestra (Solist Derek Wickens, Oboe) im Smetana-Saal

»Prager Frühling« 1969

Autogramm am Dirigentenpult

Klavierkonzert mit Rudolf Serkin

Amerika-Tournee des Royal Philharmonic Orchestra 1969:
Konzert in New York zum 25. Jahrestag der United Nations

Pausengespräch mit Benjamin Britten, U Thant und Rudolf Serkin

Gustav Mahlers 1. Sinfonie im Auditorium der United Nations

Mensch und Musiker

Wenn Rudolf Kempe in jenen bewegten Jahren kein Opfer des Jet Set geworden war – eines Circulus vitiosus, dessen Strudel so manche Begabung untergehen ließ und manche hochschwemmte, die keine war –, so lag es nicht zuletzt an der seltenen Ausgeglichenheit seines Wesens. Obschon bis zu einem gewissen Grad angeboren, war diese Ausgeglichenheit weitgehend erarbeitetes Resultat der ersten Hälfte seiner beruflichen Laufbahn – einer ausgesprochenen »Anti-Karriere«. In ihrem Verlauf hatte er gelernt, was man anders nicht lernen kann: »Dirigieren – man kann es nur erfahren.« Die Summe dieser Erfahrung gab ihm die Freiheit, alle Kräfte auf die Musik und auf das Instrument des Orchesters konzentrieren zu können – niemals mit sich selbst zu tun zu haben, wenn er am Pult stand; die Freiheit aber auch, sich nicht mittummeln zu müssen auf dem Jahrmarkt der Eitelkeiten, zu dem Dirigentenpodien mehr und mehr herabgewürdigt werden. Wo Personenkult und Idolgläubigkeit Formen annehmen, die mit Musikbegeisterung nicht mehr in Einklang zu bringen sind, vermochte er als einer von wenigen die Integrität der Kunst und des eigenen Selbst zu bewahren; vermochte darüber hinaus anderen Halt zu geben – Maßstäbe zu weisen, die der Entwicklung der Gegenwart gerecht wurden, eben weil sie in der der Vergangenheit fest verankert waren. Ohne daß er es je anders als durch die Art seines Musizierens hätte beweisen müssen, spürten dies die meisten, die mit ihm in Berührung kamen. Und so waren es (unter etlichen, die sich vergeblich um ihn bemühten) nicht weniger als drei der namhaften Orchester Europas, die sich im Verlauf jener Jahre Rudolf Kempe als musikalischen Leiter verpflichteten. Nicht nur im Blick auf seine Persönlichkeit als Interpret, sondern auch um seiner anerkannten orchester-pädagogischen Fähigkeiten willen. Ihm selbst kam diese Entwicklung sehr entgegen; gab sie ihm doch die Möglichkeit, sich auf einige wenige Punkte zu konzentrieren, an denen er organische Aufbauarbeit leisten konnte. Der – nicht nur unter Dirigenten – mehr und mehr in Mode gekommene Lebensstil des Herumfliegens und »Absahnens« war Kempes Sache nicht; und es mag manchen befremdet haben, wenn er gelegentlich attraktive Angebote ablehnte, um dort, wo er »zu

Hause« war, seinen »Dienst« zu machen. Bemerkungen wie die anläßlich einer Grippe-Erkrankung Kempes gefallene: »Das kommt davon, wenn man meint, man müsse drei Orchester haben!« – beruhten nicht nur in medizinischer Hinsicht auf Irrtum: Kempe schien es für alle Beteiligten sinnvoller, wenn er bei drei Orchestern je 20 Abende pro Saison dirigierte, anstatt nur 3 bei zwanzig verschiedenen; sinnvoller gerade auch im Blick auf seine Gesundheit, die – durch zweimalige schwere Attacken angeschlagen – gewisse Rücksichten verlangte. Die Kriegs- und Nachkriegsjahre hatten ihren späten Tribut von ihm gefordert – physisch wie psychisch. Wenn Kempe sich später noch einmal voll erholen konnte, so war es das Ergebnis eiserner Disziplin, mit der er sich nach Möglichkeit vom Hals zu halten suchte, was ihn belastete.

Was die Presse das »Kempe-Imperium« zu nennen pflegte, bestand aus dem Royal Philharmonic Orchestra London, dem Tonhalle-Orchester Zürich und den Münchner Philharmonikern – und stellte vielfältige und ganz verschiedenartige Anforderungen, allein durch die traditions- und situationsbedingt verschiedenen Charaktere dieser Orchester. Der jahrzehntelang bewährten, materiell weitgehend abgesicherten Struktur der beiden kontinentalen Orchester entspricht eine gewisse Beständigkeit auch auf seiten des Publikums, das vielfach in Abonnement-Zyklen aufgeteilt ist; beides wirkt sich auf den Charakter eines Orchesters und auf seine Spielweise aus: Sicherheit, die organischen Aufbau und kontinuierliches Arbeiten ermöglicht, enthält auch die Gefahr des Ausleierns in ausgefahrenen Geleisen. In England hingegen, wo allein in London fünf hervorragende, aber kaum subventionierte Orchester darauf angewiesen sind, in Konkurrenz gegeneinander »von der Hand in den Mund« zu leben, sind die Musiker weitgehend ohne feste Verträge und Altersversorgung, wechseln schnell und stehen unter ungeheurem Leistungsdruck, und es gibt keine Absicherung im Publikum durch Abonnements: über fast allen Konzerten schwebt das Damoklesschwert des »box office« – der Kasseneinnahmen.

Hier wie dort muß der verantwortliche musikalische Chef allein schon durch die Programmgestaltung – von anderen Problemen ganz zu schweigen – die positiven und negativen Auswirkungen der jeweiligen Situation in der Balance halten; und es können nahezu unlösbare Aufgaben sein, falls ein Dirigent nicht in der Lage ist, ein Höchstmaß an Umsicht, Einsatzbereitschaft, Sicherheit und eigenem Können in die Waagschale zu werfen.

Eine nicht kleine Rolle spielt dabei sein Repertoire; und Kempes Repertoire war beachtlich. Neben über 100 Bühnenwerken, die er aus allen Perspektiven studiert und sich dadurch ein Großteil seiner Technik und Routine, aber auch seiner Flexibilität und stilistischen Vielseitigkeit angeeignet hatte, umfaßte es rund 700 konzertante Werke aller Epochen. Daß sich darunter eine Menge moderner Musik befinden mußte (die seinem technischen Können nie Schwierigkeiten bereiten konnte), liegt auf der Hand; wenn er, wie man ihm gelegentlich nachsagte, zu wenig Zeitgenössisches dirigierte, so lag es einmal daran, daß man dieses Gebiet heute vorwiegend Spezialisten überläßt, die sich in der Moderne wohler fühlen als anderswo. Darüberhinaus war es Kempes längjährige Erfahrung, daß man durch Evolution – im Konzertsaal jedenfalls – mehr erreicht als durch Revolution: Wenn ein Publikum, das bislang alles, was nach Brahms kam, als »atonal« abgelehnt hatte, ihm innerhalb kurzer Zeit die schwer verdauliche Neunte Mahler mit Begeisterung abnahm, so freute er sich ehrlich. Mit seiner Taktik der homöopathischen Dosen erreichte er manches, was noch ein bißchen über die Neunte Mahler hinausging – im konservativen München wie im mehr als konservativen Zürich. In London allerdings mußten – aus den erwähnten box-office-Rücksichten – die Dosen noch homöopathischer gehalten werden. Einzig das BBC-Orchester, dessen Chef er seit 1975 war, hatte dank seiner finanziellen Unabhängigkeit nicht nur gewisse Möglichkeiten, sondern auch Verpflichtungen hinsichtlich der Moderne. Dadurch etwas ausgehungert, erwartete sich jedoch gerade dieses Orchester von seinem neuen Chef hauptsächlich klassisch-romantisches Repertoire. Daß Kempes Liebe zur Moderne im übrigen da aufhörte, »wo es sich nicht mehr um Klänge, sondern nur noch um Geräusche handelt«, ist eine Tatsache, aus der er nie ein Hehl gemacht hat. »Was nur noch mit der Stoppuhr in der Hand und daher ebenso von Verkehrspolizisten am Dirigentenpult wie von Musikern zu bewältigen ist, gehört für mich zu ›des Kaisers neuen Kleidern‹...«

Nichtsdestoweniger ließ die Reichhaltigkeit von Kempes Spielplänen und Programmen kaum je zu wünschen übrig – trotz der Einschränkungen, die allein durch Probenlimitierung, finanziell bedingte Besetzungsschwierigkeiten und ähnliche Quellen ständigen Ärgers naturgegeben waren. Das Unterfangen etwa, auf Orchestertourneen interessante Programme mitzunehmen, die eventuell aufwendige Bläser- und Schlagzeug-Besetzungen und zusätzliche Proben verlangten, scheiterte meist an den Finanzen – und an der Sturheit lokaler Veranstalter, die mit ihrem ewigen Kehrreim »lieber Siebte Beethoven oder Erste Brahms!« Kempe nachgerade auf die Nerven gingen – bei aller Liebe zu diesen beiden Stücken. Mit der ihm eigenen Zähigkeit versuchte er, wo er konnte, mehr Abwechslung in das Grau musealer Musikbetriebe zu bekommen. Und es gelang ihm weitgehend; nicht zuletzt, da er selbst keine speziellen Vorlieben hatte. »Eigentlich mag ich immer die Musik am liebsten, mit der ich mich gerade beschäftige; und Stücke, für die ich nichts empfinden kann, versuche ich zu vermeiden.« Einseitigkeit war ihm langweilig, und er seufzte mitunter, wenn man von ihm als »Strauss-Spezialisten« immer wieder *Heldenleben, Zarathustra* oder die (besonders bei den nicht-alpinen Völkern so beliebte) *Alpensinfonie* verlangte. Zum Glück war seine Liebe zu Strauss recht strapazierfähig. An dessen programmatischen Mammut-Stücken (die bei Kempe dank seines dynamisch durchsichtigen Musizierens und der Dezenz seiner agogischen Mittel nie in Gefahr waren, trivial zu klingen) mochte er besonders gerne, daß sie leise endeten. Die Verbreitung der Devise »je lauter ein Konzert endet, desto sicherer der Erfolg«, schon von Strauss mit Mißfallen konstatiert, ging Kempe gehörig gegen den Strich. Für Haydn, Mozart und Schubert (die ihm ebenso lagen wie andere, für die er »bekannt« war), kämpfte er in diesem Zusammenhang manchen Kampf; besonders gegen die Manie, ihre Musik »zum Einspielen« in die ersten Programmhälften zu verbannen, wo sie sogleich von Voluminöserem restlos erschlagen zu werden pflegt – ein Schicksal, das zu Kempes Ärger mitunter nicht einmal der Dritten Brahms erspart blieb.

Die Klassiker der Moderne, Hindemith, Bartók und Strawinsky, waren ihm ausgesprochene Herzensangelegenheit; ebenso Prokofiew, Kodàly, Janàcek und ganz besonders Schostakowitsch. Auch an Erscheinungen wie der begeistert gefeierten Renaissance Bruckners und Mahlers in England – zweier Komponisten, die dort vor dem Zweiten Weltkrieg kaum gespielt worden waren – ist Rudolf Kempe nicht gänzlich unschuldig. Dafür verzieh man ihm, wenn er gelegentlich einer ganz persönlichen Schwäche nachgab: der Schwäche für vergessene, verschmähte oder sonstwie ausgefallene Stücke etwa von Respighi, Franz Schmidt oder Korngold bis zu Mohaupt und Revueltas.

Gut ein Viertel seines Konzertrepertoires (unter den 700 Stücken so manche einstündige Sinfonie) dirigierte er auswendig – obwohl er »Noten lesen konnte« – wie Knappertsbusch, zum Thema Auswendigdirigieren befragt, nicht ohne Unterton von sich zu konstatieren pflegte. Kempes Noten übrigens *konnte* man lesen: neben so manchen orchester- oder theatereigenen Partituren, die mit bunten »Verkehrszeichen« aller Art so garniert sind, daß man fast keine Noten mehr findet, scheinen Kempes Partituren auf den ersten Blick überhaupt nicht eingerichtet. Seine dünn mit Bleistift eingetragenen spärlichen dynamischen und noch spärlicheren agogischen Zeichen stören zumindest nicht das Notenbild ...

Wenn Kempe nach Möglichkeit auswendig dirigierte, so tat er es nicht um jeden Preis – etwa den der Sicherheit von Sängern oder Instrumentalsolisten (einer Sicherheit, die hie und da aus Dirigenteneitelkeit aufs Spiel gesetzt wird). »Begleiten gibt's für mich nur mit Partitur. Aber das Auswendigdirigieren erlaubt natürlich ein viel freieres Musizieren, und vor allem der Kontakt zum Orchester ist viel intensiver, wenn der Dirigent nicht mit den Augen in der Partitur hängt. Drum sollte man auch ein von Noten zu dirigierendes Stück so beherrschen, daß man möglichst wenig hineinschauen muß. Nicht zuletzt aus psychologischen Gründen ist der optische Kontakt zum einzelnen Musiker etwas vom Wichtigsten: in kritischen Situationen etwa kann man ihm auf diesem Weg erhöhte Sicherheit geben« – absolute Sicherheit des Dirigenten allerdings vorausgesetzt. Nie hätte Kempe sich erlaubt, ohne Partitur ans Pult zu gehen, wenn er nicht jede Note tatsächlich gewußt hätte. Für das Wagnis, in einem nur der Spur nach beherrschten Stück sich von Takt zu Takt überraschen zu lassen, was aus dem Orchester kommt – oder auch nicht kommt –, war er nicht leichtsinnig genug. »Wehe, wenn ein einziger Bläser in einer noch so untergeordneten Stimme sich versieht . . . Jeder von ihnen kann schließlich mal 'ne Mattscheibe haben. Mir darf das nicht passieren.« Kempes Musiker, die sich mit einhelligem Kopfschütteln fragten, warum er sich nie verschlägt, sahen hierin wahrscheinlich das einzig Unmenschliche, das sie an ihm entdecken konnten. Doch war es weniger das Ergebnis seines phänomenalen Gedächtnisses als vielmehr seiner Gewissenhaftigkeit, mit der er sich immer wieder neu erarbeitete, was bei anderen in solchen Stadien längst zur bloßen Routine geworden ist.

Vielleicht war dies einer der Gründe, warum man ihm aus dem Orchester in jeder Hinsicht Vertrauen in seine Führung entgegenbrachte – in einer Zeit, da hier wie andernorts vielfach zu Recht wider den Stachel der Autorität gelöckt wird: Man wußte, daß er sich selbst mehr abverlangte als allen Musikern zusammen. »Ich finde, jedes Orchester hat ein Recht auf gute Dirigenten. Jeder einzelne Orchestermusiker muß beweisen, daß er sein Handwerk solide gelernt hat – und zwar *hörbar* beweisen, in jedem Takt. Nur den Dirigenten hört man nicht. Und mancher, der vorne steht und alles andere als sicher ist, macht ein großes Theater – auf Kosten des Orchesters, das ihn womöglich noch vor dem Einbrechen bewahrt hat. Wenn sich Orchestermusiker in solchen Fällen auflehnen, kann ich's wahrhaftig verstehen. Sie sollten die Möglichkeit haben, sich den Mann ihres Vertrauens auszusuchen, und nicht ihn von Politikern vorgesetzt bekommen, wie es vielfach der Fall ist. Demokratie im Orchester ist absolut notwendig – und auch möglich: durch gegenseitige Achtung, die jeder der Leistung des anderen entgegenbringt.« Die Verantwortung – Summe der Pflichten, die Kempe als Dirigent und Orchester-Chef auf sich nahm – bedingte jedoch auch gewisse Rechte in Fragen künstlerischer Entscheidungen wie dem Engagieren von Musikern, dem Auswählen von Programmen und Solisten, dem Festsetzen der Probenanzahl und ähnlichem. Die wenigen Male in seinem Leben, da er sich gezwungen sah, die künstlerische Leitung eines Hauses, eines Orchesters niederzulegen, waren ausschließlich Fälle der Einmischung von inkompetenter, das heißt nicht-musikalischer Seite, die es ihm unmöglich machte, seine Verantwortung weiter zu tragen. »Solche Dinge hatten nie etwas mit meinem Kontakt zu den Musikern und mit unserer Arbeit zu tun – drum konnte tatsächlich in allen Fällen das gemeinsame Musizieren weitergehen, auch über äußere ›Trennungen‹ hinweg ...« Eine Erfahrung, die ihn sehr glücklich machte.

Seine »Royal Philharmonic« liebte er um ihrer Brillanz, um ihrer – für englische Orchester typischen – Schnelligkeit, mit der sie begriffen und folgten, und um ihrer Virtuosität willen: »Sie sind wie Vollblutpferde, die vor Temperament kaum am Zügel zu halten sind; nie muß man treiben – sie laufen einem eher weg ...« – und das bei einem Dienst, der manches kontinentale Orchester mit hängender Zunge würde nach Luft japsen lassen: Zwei, mitunter drei dreistündige »Dienste« (Proben, Konzerte oder Schallplattensitzungen) pro Tag, meist an verschiedenen Orten, die meilenweit voneinander entfernt liegen – wurden mit einer Unverdrossenheit absolviert, die nur im Humor ihren Ursprung haben kann. Daß auch der Dirigent dabei von früh bis abends nicht mehr als ein Sandwich im Magen hatte, vertiefte die menschlichen Beziehungen zwischen Kempe und seinen Musikern ebenso wie der gleiche Zerknitterungsgrad seiner Flanellhosen, wenn er nach sechsstündiger gemeinsamer Fahrt von Philadelphia nach New York dem »Greyhound«-Bus entkletterte – mit völlig steifen Gelenken. (Wie sie am Abend wieder locker waren, war sein Geheimnis). Und wenn dann im Konzert der Posaunen-Choral im letzten Satz der Sechsten Tschaikowsky wie aus einer anderen Welt erklang, das Solo der Flötistin in der Passacaglia von Brahms' Vierter sich in überirdisch schönem Bogen spannte oder die Bratschen alle flehentliche Innigkeit in ihr Thema in langsamen Satz der Vierten Bruckner legten – so spürte jeder vom andern, wie sehr sie sich gegenseitig »an der Strippe« hatten.
Wohl kaum hätte ihr »Conductor for life« die Royal Philharmonic nach 15 Jahren solcher Zusammenarbeit verlassen. Als ihn äußere Gründe, auf die er keinen Einfluß hatte, dazu zwangen, war er zutiefst deprimiert.
Erst Monate später nahm Kempe das Angebot der BBC an, deren Symphonieorchester ihm durch Gastdirigate schon jahrzehntelang vertraut war. Die Einsatzbereitschaft, Freude und Zuneigung, mit der dieses Orchester ihm nun entgegenkam, gingen ihm mehr zu Herzen, als es seine Art war, sich anmerken zu lassen. Und unter den wenigen gemeinsamen Konzerten, die dieser Verbindung noch vergönnt sein sollten, war manches, in dem »es passierte« – das Unerklärliche, dem auch der Unmusikalischste im Saal sich nicht ent-

ziehen kann und das jeden irgendwie glücklich macht – für Momente. Schuberts Fünfte, seine As-dur-Messe, Janàceks Sinfonietta, ja selbst die tausendmal gespielte »Neue Welt« wurden zu solchen Momenten. Nicht zuletzt übrigens durch das »Prom-Publikum«, das ein in der ganzen Welt einmaliges Phänomen darstellt – dank eines Einfalls von Sir Henry Wood vor mehr als 80 Jahren und dank der BBC, die diese »Promenadenkonzerte« veranstaltet: Wenn einen ganzen Sommer lang Abend für Abend im ausgeräumten Parkett und in den Rängen auf Stehplätzen mehr als 8000 junge Menschen vor Konzertbeginn ihren fröhlichen Spektakel aus dem Hyde Park in der ehrwürdigen Scheußlichkeit der Royal Albert Hall fortsetzen (zuvor haben sie sich tage- und nächtelang um die Karten angestellt, die ein paar Pfennige kosten), wenn dieser Spektakel beim Erscheinen des Dirigenten sich augenblicklich in atemlose Stille verwandelt, wenn diese Stille bis zu drei Stunden durch anspruchsvollste Programme anhält, um anschließend in einen Jubel auszubrechen, der anderswo in der Welt nur Fußballspielen und ähnlichen Massenveranstaltungen vorbehalten bleibt – »dann weiß man, wofür man Musiker ist«. Das Englische an solchen Erscheinungen ist der völlige Mangel an Hysterie, die andernorts nicht selten damit einhergeht; und selbst der Aufdruck »Kempe for king« auf manchen T-Shirts war nicht mehr als ein Scherz – und ließ keinen Zweifel darüber aufkommen, daß deren Inhaber sich in erster Linie für die Musik begeisterten.

Wenn Kempe sich in diesem Land zu Hause fühlte, so liegt es wohl nicht an den mehr oder weniger dunklen historischen Beziehungen zwischen Angeln und Sachsen (die kümmerten ihn wenig); vielleicht nicht einmal daran, daß London heute unleugbar das Zentrum der musikalischen Welt ist. Vielleicht aber daran, daß einige seiner wesentlichen Charakterzüge anscheinend in diesem Land erfunden wurden: Disziplin und Toleranz, Taktgefühl und »sense of humour«.

Was er zuweilen an den englischen Orchestern heimlich vermißte – eine gewisse Schwere, die Brahms und vor allem Bruckner eignet und die man wohl im Blut haben muß –, bei seinen »Münchnern« fand er sie; und darüber hinaus eine Art des Musizierens, deren Flexibilität nicht so sehr auf Eleganz beruht als auf einer besonderen Empfindungsfähigkeit; man könnte sie – vorsichtig – deutsch nennen. Jedenfalls machte sie es Kempe zur ausgesprochenen Freude, mit diesem Orchester – neben Beethoven und Brahms – hochromantisches Repertoire zu spielen. Stücke in kleiner Besetzung wie Strawinskys *Pulcinella* oder Strauss' *Bürger als Edelmann* und seine *Metamorphosen* wurden dank der hervorragenden Orchester-Solisten zu Delikatessen. Ebenso alles, was in Richtung Walzer »abrutschte«: die unerklärliche agogische Verschiebung, die den liebenswert unsoliden Charakter sol-

chen Dreiertakts ausmacht, und »über die man nicht reden darf – sonst ist's schon zuviel«
–, sie ist eine Spezialität der Münchner Philharmoniker, mit der sie die weitverbreitete Ansicht, München verdanke seinen Ruf als »Vorort von Wien« nur seiner Intrigenfreudig-
keit, glatt widerlegen. Und wenn es Leute gibt, die zu der unverzeihlichen Hybris neigen,
Wien als Vorort von München vereinnahmen zu wollen, so mag ein granum salis in den
Bruckner-Aufführungen liegen, die hier möglich sind. Unter Kempe brachten die
Münchner Philharmoniker einige solche zustande – zuhause, aber auch in Genf, in London, in Leningrad. Zwei davon, die vierte und die fünfte Sinfonie, geben das recht glaub-
haft auch auf Schallplatte wieder – trotz der regelmäßig auftretenden Pikanterie, mit der
bei den Aufnahmen im Bürgerbräu-Keller das Knacken der niemals funktionierenden
Heizung oder der Donner zuverlässig einstürzender Küchentellerstöße jede Pianissimo-
Stelle immer dann zu würzen pflegte, wenn sie besonders schön gelungen war. Dafür
konnte man die Verbindungstür vom bierdunstgeschwängerten Saal zum vier Quadrat-
meter großen Abhörraum, der seit Erbauung niemals gelüftet worden war, nicht schlie-
ßen. Versuchten die Musiker in den Pausen ihre Instrumente zu stimmen oder etwaige
schwierige Stellen zu üben, so machten sie dem Dirigenten das Abhören unmöglich – und
umgekehrt. Die für künstlerische Leistungen solcher Art erforderliche Nervenkraft
wurde jedoch von allen Beteiligten freudig geopfert (womit die Investition des Münchner
Konzertsaal-Geldes ins Olympia-Dach vollauf gerechtfertigt ist).
Erfreulicher – allein von der Lokalität her – waren für Kempe die Schallplattenaufnahmen
in Dresden (sofern Schallplattenaufnahmen für ihn überhaupt erfreulich sein konnten . . .)
Das Studio in der Lukaskirche besitzt einen Abhörraum, der technisch nichts zu wünschen übrig läßt und darüber hinaus eine jederzeit lüftbare, gemütliche, durch allerhand
vielsprachige Wanddekorationen geradezu weltoffene Atmosphäre bietet. Der Kirchen-
raum selbst verfügt über eine glänzend funktionierende Heizung und steuert anstatt ner-
venzersägender Küchengeräusche melodisches Geläut von Kirchenglocken bei, das – ge-
ringfügig retuschiert – in der *Alpensinfonie* als Kuhglockengeläut hätte Verwendung finden können. Solche und andere technische Tricks wären eine Kleinigkeit gewesen für das
Dresdner Aufnahmeteam, von dem Kempe behauptete, »es ist das beste, mit dem ich je
gearbeitet habe«. Doch blieben die Fähigkeiten dieses Teams (mit einigen Ausnahmen, die
die Regel bestätigen) weitgehend ungenutzt, ja verschwendet an einem Orchester wie der
Dresdner Staatskapelle. Zumal wenn sie mit Kempe spielte – den als ihren »Chef« anzu-
sprechen sich diese dickköpfigen Musiker nach über zwanzig Jahren noch nicht abge-
wöhnen konnten. Sei es, daß aus besetzungstechnischen Gründen eine Aufnahme abge-

brochen werden mußte und erst ein Jahr später fortgesetzt werden konnte – der neue »Take« stimmte, unprobiert, in Tempo, Stimmung und Ausdruck haargenau zum alten. Sei es, daß eine Stelle – wegen unprogrammgemäßen Kirchengeläuts – noch einmal gebraucht wurde: das schwere Blech brachte sie nach sechs Stunden Aufnahme frisch wie in der ersten Stunde. (Anschließend folgte dann noch der Abenddienst in der Oper.) Während dieser Jahre, in denen das gesamte Orchesterwerk von Richard Strauss »bis zum letzten Kaffeesatz« aufgenommen wurde, bewiesen die Dresdner weit mehr als nur die Tatsache, *das* Strauss-Orchester der Welt zu sein – wozu sie die federnde Eleganz ihrer Spielweise, die Wärme des Streichertons, die Ausgeglichenheit der Bläser, vor allem aber die Durchsichtigkeit, mit der sie dickstes Partiturgestrüpp zum Klingen bringen können, geradezu prädestinieren. Wenn die Kapelle, zur allseits freudig begrüßten Abwechslung, mit Kempe zwischen den Aufnahmen Konzerte im Kulturpalast gab, so wußte man nicht, ob man ihrem Beethoven, Tschaikowsky, Debussy oder Strawinsky den Vorzug geben sollte. Selbst Mahler – den sie eigenartigerweise nicht mögen – spielten sie so feinnervig empfunden, daß Kempe ihnen drohte: »Wartet, den gewöhn' ich euch noch an!« Und wenn diese »Banda« zu Silvester mit Kempe ein Operetten-Feuerwerk losließ, das ganz Dresden in einen prickelnden, sprühenden Taumel der »Fledermaus- und Rosenkavalier«-Fidelität versetzte, wußte man vollends nicht mehr, woran man war.

Auch zum Tonhalle-Orchester Zürich (»wo das Englischhorn im langsamen Satz der ›Neuen Welt‹ so schön klingt wie nirgends«) kehrte Kempe in den letzten Jahren oft und gern zurück, besonders seit er die mit der Chef-Position verbundene Bürde der Bürokratie losgeworden war, die ihm – in welcher Erscheinungsform auch immer – zeitlebens ein Greuel war. In den regelmäßigen Sitzungen der diversen Gremien, Ausschüsse und Kommissionen in Zürich darf seitdem wieder geraucht werden, und die Herzlichkeit von Kempes Musizieren mit dem Tonhalle-Orchester wurde durch nichts mehr getrübt.

Doch Gastspiele bei anderen Orchestern unterblieben weitgehend – nicht nur aus Zeitgründen: Kempe haßte das Herumzigeunern mehr als je zuvor. Über alles liebte er die eigenen vier Wände in München und Zürich und die Möglichkeit, darin »wie der erste Mensch« zu leben, angefangen von der Hausmannskost übers Nicht-sich-herausputzen-Müssen bis zum Einräumen der Geschirrspülmaschine (seines geheiligten Privilegs, das den Gang des Haushalts nur unwesentlich aufhielt). In London tröstete ihn am Hotelleben wenigstens die Tatsache, daß seine Socken jahraus, jahrein in dieselbe Schublade wanderten, daß die »Times« von immer denselben freundlichen Zimmerkellnern aufs Frühstücksgeschirr gelegt wurde (von wo er sie schleunigst mit spitzen Fingern zu entfernen pflegte), und daß die Zollbeamten bei der Ankunft am Flughafen mit so unnachahmlich distinguierter Herzlichkeit sich erkundigten, ob er diesmal Schostakowitsch oder Mahler dirigiere (zwei Komponisten, die ohne Programmzettel selbst von Fachleuten bekanntlich nicht immer unterschieden werden).

Alles andere als begeistert war Kempe von »dem Unfug, daß heutzutage jedes Orchester, das etwas auf sich hält, meint, so oft wie möglich auf Reisen gehen zu müssen. Unter beträchtlichen Strapazen geben sie Konzerte, nach denen man ihnen bestätigt, daß sie besser spielen als die ›Ortsansässigen‹ – was sie ohnehin glauben – oder schlechter – was sie nicht wissen wollen«. Doch da dieser »Unfug« nun einmal für das Prestige des Orchesters unumgänglich schien, unterzog er sich ihm seufzend – und tröstete sich mit dem Ertrag an Film- und Fotomaterial, den er unterwegs zu erbeuten hoffte. Konnte er bei solcher Gelegenheit (wie auf der letzten Amerika-Tournee mit den Royal Philharmonic) seine ausnahmsweise von Beruf und Familie dispensierten Töchter mitnehmen, so wurden Spaziergänge, Sight-Seeing-Touren und (an freien Abenden) Theater- und Musicalbesuche zum ausgesprochenen Vergnügen: Der Stolz auf seine »Mädels« überwog sogar den leichten Anflug von Geniertheit, mit dem er seinen Harem durch das Gewühl von Manhattan schleuste. (Wenigstens zwei der Damen wurden auf Anhieb von jedem Liftboy als Kempe-Töchter identifiziert.)

Mit dem Orchester-Prestige ebenso unumgänglich verbunden wie Tourneen waren – wie man ihm immer wieder einzureden suchte – gewisse Repräsentations- und Publicity-Pflichtübungen, für Kempe das größte aller Opfer. Zerrte man ihn auf einen Empfang, eine Party, so war er zur nächst erreichbaren Hintertür schon wieder draußen, kaum daß er am Eingang von den Honoratioren begrüßt werden konnte. Gelang es einem Journalisten, mit Hilfe von schnöde gegen ihren Chef konspirierenden Orchestermusikern oder -managern sich bis ins Dirigentenzimmer zu manövrieren, so wurde er auf seine Frage, wie Kempe denn dieses Festival gefiele, mit der kalten Dusche von dessen Antwort beglückt: »Ich kann Festivals nicht ausstehen.«

»Überhaupt scheinen Interviews für gewöhnlich eine Art Gelegenheit für Journalisten, unter ihre Ideen zur Abwechslung mal einen anderen Namen zu setzen.« Diese Erfahrung Kempes lag auf ähnlicher Linie wie seine Erfahrung mit Kritik in der Presse. »Wenn Kritiker zugeben würden, daß sie auch Menschen sind und ihre Kritik subjektiv ist, dann könnte man sie – ob gut oder schlecht – viel eher als konstruktiv akzeptieren. Wenn aber die Meinung eines einzelnen als absolut für alle anderen verbindlich hingestellt wird, wird sie für mich fragwürdig. Objektive Kritik kann es eigentlich nicht geben, denn jeder

Mensch empfindet doch anders, ist im Moment des Hörens oder Spielens anders disponiert. Wichtiger als Kritik finde ich allemal Selbstkritik.«

Bei den meisten der nicht gerade zahlreichen Interviews, die Kempe tatsächlich gegeben hat, fragte man ihn, der im Laufe seines Lebens mit fast allen Spitzenorchestern der Welt musiziert hat, nach deren unterschiedlichen Charaktermerkmalen; und er versuchte, möglichst jedem von ihnen in seiner Besonderheit gerecht zu werden. Auf die Frage, ob es nicht ein Orchester gebe, das alle Vorzüge in sich vereint, hatte er nie mehr als ein Lächeln. Doch wenn er in einem Konzert am Ende des *Heldenlebens* den Blick des Dresdner Solobassisten traf, der mit verdächtig glänzenden Augen dem Abgesang der ersten Geigen lauschte – wenn er nach dem Abhören einer Aufnahme auf die Frage des Aufnahmeleiters: »Haben Sie noch Wünsche, Herr Professor?« mit leicht brüchiger Stimme zur Antwort gab: »Danke. Für mich genügt's« – dann lag dasselbe Lächeln auf seinem Gesicht.

Die mit der Dresdner Staatskapelle geplanten Aufnahmen der Strauss-Opern wären für Kempe zum Anlaß geworden, sich noch einmal intensiver mit dem Kapitel Oper zu befassen – was er in den letzten Jahren kaum getan hatte. Die wenigen Male, da er sich hatte dazu verleiten lassen, bestätigten im wesentlichen seine Erfahrungen im Blick auf Proben- und Ensemble-Misere. Hinzu kam eine weitere, durchaus neue Erfahrung: »Offensichtlich leben wir im Zeitalter der Narrenfreiheit der Regisseure. Was heute von dieser Seite gegen die Musik verbrochen wird, überschreitet jede Toleranzgrenze . . .« – auch die seine, und die war weit gesteckt. Als in einer *Salome*-Inszenierung im römischen Amphitheater von Orange mitten in das ausdrucksgeladene Nachspiel des Dialogs zwischen Salome und Jochanaan hinein eine Horde von 200 eigens dafür angeheuerten Fremdenlegionären als Palastwachen auf die Bühne gejagt wurde, die die ebenfalls frei erfundenen, als Bettler auftauchenden Anhänger des Jochanaan mit laut knallenden Peitschenhieben vertreiben sollte, legte Kempe den Stab weg: ». . . dafür brauche ich eine andere Musik« – und verließ das Pult. Einst hatte ein Walter Felsenstein die Größe besessen, einem verhältnismäßig jungen Dirigenten (der Kempe damals war) coram publico zuzugeben, ein Tempo falsch eingeschätzt zu haben, das musikalisch zwingend war – und umgehend seine Regie entsprechend geändert – »diese Zeiten sind vorbei«. Einzig in Covent Garden machte Kempe die Oper nach wie vor Spaß. »Hier gibt's noch Ensemble-Geist, Vernunft und Toleranz, und man kann einfach musizieren . . .«

In Wahrheit jedoch war es noch etwas anderes, was ihn von der Oper und damit von vielem, was er musikalisch früher heiß geliebt hatte, mehr und mehr entfernte: »Angesichts der Pervertie des Salome-Stoffes wird mir heute übel. Und die schönste Musik der Erkennungsszene zwischen Elektra und Orest kann mich über das gräßliche ›Triff noch einmal!‹ des Muttermords nicht hinwegbringen. Wenn ich mir's überlege, möchte ich deshalb auch keinen Othello, keine Butterfly mehr machen. Und was bleibt von Wagner übrig? Die Meistersinger, allenfalls Parsifal, Tristan – Teile der Walküre. Alles andere kann ich nicht mehr ertragen.«

Seine übergroße Sensibilität, durch die Erlebnisse des Krieges – und nicht nur durch diese – bis zum äußersten strapaziert, hat ihn so weit gebracht. Aber eben diese Sensibilität, vielleicht der wesentlichste Zug seiner Musikerpersönlichkeit, hat ihn zu dem gemacht, was er war: ein Dirigent, der offen war, hinzuhören – der sich völlig einstellen konnte auf die, die mit ihm musizierten. In erster Linie waren es die Sänger – in der Oper häufig durch Ertränktwerden in Orchesterwogen leidgeprüft und stimmgeschädigt –, die ihm für die Feinfühligkeit seiner dynamischen Schattierungen dankbar waren (zumal in den dick orchestrierten Opern von Strauss und Wagner). Seine Fähigkeit, ihnen auch in agogischer Hinsicht die Freiheit zu geben, die sie zum Atmen und Phrasieren brauchten, kam Sängern ebenso zugute wie Orchestermusikern sein Wissen um die notwendig verschiedenen Ansatzzeiten eines Akkords bei Streichern, Holz- und Blechbläsern. Wie sehr er darüber hinaus Oper auch vom Text her erfühlte, konnte niemandem verborgen bleiben, der je einen *Rosenkavalier*, eine *Zauberflöte, Meistersinger, Bohème* oder *Falstaff* von ihm erlebt hat. Denn Kempe war, bei aller Beherrschung – und Beherrschtheit – seiner physischen wie intellektuellen Mittel, von Natur ein reiner Gefühlsmensch. Gelegentliche Fehlurteile wie dasjenige, er sei »ein Dirigent der kühl dosierten, kalkulierten Emotion« – rühren vielleicht von der bedingungslosen Ausschließlichkeit her, mit der Kempes Gefühle über die natürliche, niemals vordergründige Eleganz, die jederzeit sinnvolle, zweckgebunden sparsame Ästhetik seiner Bewegung ihren Weg direkt in die Musik fanden. Durch ihre Echtheit gaben sie seinem Musizieren jene Kraft der Aussage, die – unabhängig von der Vielfalt der Möglichkeiten und Geschmacksrichtungen – eine Interpretation überzeugend machen, im Moment, da sie erlebt wird. Bei Kempe kam diese Überzeugungskraft aus seiner Einstellung: »Man darf nicht suchen wollen – man muß finden. Suchen bedeutet, etwas machen wollen, bedeutet bewußte Manipulation. Finden heißt, alles aus sich heraus entstehen lassen – und ist das Resultat selbstloser Hingabe an einen Komponisten und seine Musik.«

Wenn Kempe auf dem Konzertpodium Sänger wie Janet Baker, Dietrich Fischer-Dieskau, Heather Harper, Anna Reynolds oder Theo Adam wiedertraf, so ließ die Gegenseitigkeit der Freude erkennen, wie sehr manche von ihnen bedauern mochten, daß er der

Oper fast ganz den Rücken gekehrt hatte. Doch kam seine Opernabstinenz umso mehr den Instrumentalsolisten zugute: Kempe begleitete leidenschaftlich gern. Hier zeigte sich unter anderem seine Toleranz, mit der er auch Interpretationen gelten ließ, die von seinen eigenen Vorstellungen abwichen. Je unberechenbarer ein Solist in Tempo und Agogik war, desto mehr schien es Kempe Spaß zu machen, ihn zu begleiten. Cherkassky beispielsweise, der mit Sicherheit am Abend völlig anders spielte als in der Probe, konnte »Haken schlagen« wie er wollte: Kempe war immer da. »Zum Begleiten gehört nichts als ein bißchen Vorausfühlen, was der andere vorhat – und ein kleines bißchen Schlagtechnik.« Hin und wieder allerdings kam es vor, daß er einen Solisten mit pathologischem Hang zur Exzentrik ebenso dezent wie nachdrücklich darauf hinwies, das betreffende Klavierkonzert sei eigentlich von Robert Schumann . . .

Neben den »großen Alten« – Serkin, Rubinstein, Kempff, Klara Haskil, Menuhin, David Oistrakh, Szeryng, Schneiderhan, Rostal, Fournier, Zara Nelsova, Paul Tortelier – waren es vor allem junge Solisten, mit denen Kempe gern musizierte: Pianisten wie Malcolm Frager, Radu Lupu, Bruno Gelber, Nelson Freire, Ilana Vered, Garrick Ohlsson, Nerine Barrett; Geiger wie Itzhak Pearlman, Gidon Kremer, Edith Peinemann, Ulf Hoelscher, Miriam Fried, Teiko Maehashi, Kyung-Wha Chung; die Cellistinnen Esther Nyffenegger und Angelica May. Was Kempe jederzeit am meisten beeindruckte, waren nicht technische Perfektion (»die muß heute sowieso vorausgesetzt werden«), nicht Litaneien von guten Kritiken oder Wettbewerbserfolge, sondern der Ausdruck eigener Persönlichkeit, wenn er mit dem Bemühen um ein Werk, um einen Komponisten Hand in Hand ging. Wo das noch nicht so ganz klappte, gab Kempe mit liebevoller Geduld und oft unmerklich manche Hilfe, die junge Solisten in ihrem Tournee-Gepäck gebrauchen konnten. »Das isolierte Solistendasein, das sie zwingt, Abend für Abend im Alleingang ihre Recitals und mit meist nur einer Orchesterprobe ihre Konzerte abzuliefern, läßt bei manchen die Fähigkeit zum Ensemblespiel ein bißchen zu kurz kommen.« Bei einem Dirigentenpartner wie Kempe war sie ansteckend. »Alles was er macht, ist eigentlich Kammermusik«, sagt Rudolf Serkin von ihm. Und es gab nur eines, was Kempe nicht tolerierte: mangelnde Bereitschaft zum Ensemblemusizieren – für ihn nicht eine Frage des Könnens, sondern der Einstellung.

Er selbst ergriff jede sich bietende Gelegenheit, um sich an den Flügel oder ans Cembalo zu setzen und wirkliche Kammermusik zu machen. »Ich bin zwar kein Pianist« – was leicht untertrieben war – »aber wenn ich selber spiele, weiß ich wenigstens, womit ich zu rechnen habe. Und das ist ein beruhigendes Gefühl.« Die Chemnitzer Zeiten, da er (mit einem Kollegen an zwei Klavieren) eine unersättliche Zuhörerschaft hintereinanderweg mit Schumanns a-moll-, Beethovens Es-dur- und – als »Draufgabe« – Tschaikowskys b-moll-Konzert fütterte, waren freilich vorbei. »Und um Klavierkonzerte mit Orchester zu spielen, was ich in Dresden mit der ›Kapelle‹ noch oft und gern getan habe, fehlen mir heute Zeit und Nerven.« Doch was er, bei der beklagenswert dürftigen Übzeit, die ihm verblieb, rein technisch noch zuwege brachte, war erstaunlich. Wenn er sich mit seinen Orchestermusikern für Sonaten, Quintette oder für sein Lieblingsstück, die Kammersinfonie von Wolf-Ferrari, zusammentat, wenn er Sänger bei Schumann-, Brahms- oder Wolf-Liedern begleitete, so erübrigte sich die Frage, ob er Pianist sei ... Und wenn er in einem Trio von Mozart das Thema des langsamen Satzes spielte, machte er die Zuhörer alles vergessen – und die Streicher ums Haar ihren Einsatz.

Setzten sich Kempe und Karl Richter für ein Bach-Doppelkonzert ans Cembalo, so ging es – trotz beiderseits erfolgreicher Bemühungen im Hochdeutschen – musikalisch doch recht sächsisch zu; wobei der eine, anläßlich einer falschen Note des anderen, mit den Worten »die Götter wollen eben ihre Opfer« ihn von dem Vollkommenheitstick zu heilen suchte, der ihn hin und wieder jählings befiel – auf sein eigenes Spiel bezogen. Im Blick auf andere vertrat Kempe die Ansicht: »Eigentlich gibt es keine falschen und richtigen Noten; allenfalls musikalische und unmusikalische ...«

Hierin stimmten seine Münchner Dirigentenkollegen Kubelik und Rieger völlig mit ihm überein, als er sie zu Bachs Konzert für drei Klaviere in die Philharmonie einlud (ein Ereignis, das unter der Bezeichnung »K₂R-Konzert« in die Musikgeschichte eingegangen ist). Das Einvernehmen war so herzlich, daß Kubelik umgehend zum Gegenschlag ausholte und die Kollegen, mit Sawallisch als Verstärkung, in den Rundfunk komplimentierte – zu Bachs Vivaldi-Adaption für vier Klaviere. Zum Glück hat Bach es bei vieren bewenden lassen; allmählich wäre es schwierig geworden, Dirigenten zu finden, die sich musizierenderweise zusammensetzten...

Wenn Kempe sich bei solchen Gelegenheiten ans letztmögliche Klavier verkroch, so war es ein Zeichen seiner sprichwörtlichen Bescheidenheit: sie begann bei Spaghetti mit Tomatensauce und der strikten Weigerung, »Firlefanz« wie Lackschuhe zum Frack oder goldene Uhren zu tragen; sie zeigte sich in der Angewohnheit des »Herrn Kempe«, jede andere Anrede zu überhören oder sich zu verbitten, ebenso wie in der unverzeihlichen Abneigung gegen Orden, Ehrenzeichen und anderes Aufhebens um seine Person; sie gipfelte schließlich in der totalen Unfähigkeit, über sich selbst zu reden. Gratulierte ihm jemand nach einem Konzert zu seiner »grandiosen Leistung«, so antwortete er lächelnd: »Gelt, das ist eine herrliche Sinfonie? Und die haben heute wieder großartig gespielt!« Ging dagegen etwas nicht ganz so, wie er sich's vorstellte, so konnte man ihn nur in extremen Fällen davon abbringen, es müsse an ihm gelegen haben. Ein Wort wie »Erfolg«, das überall, nicht nur bei Künstlern, wie auf gesprungenen Schallplatten ständig wiederkehrend zu hören ist, hätte Kempe nie über die Lippen gebracht; nicht einmal gegenüber dem nächststehenden Menschen, vor dem er keine Schwäche verbarg. (Gott sei Dank übrigens hatte er deren etliche; sie waren das Liebenswerteste an ihm ...)

Auch über Musikalisches hinaus erwarb Kempe sich vielfach Vertrauen durch seine Art, in jedem, der ihm begegnete – vom Gepäckträger bis zur Königin von England – die Unantastbarkeit der Individualität zu respektieren. Seine ruhige Freundlichkeit gegen jedermann, von Herablassung ebensoweit entfernt wie von Vertraulichkeit, ließ hinter der leisen Distanziertheit immer seine menschliche Wärme spüren und die Bereitschaft, dazusein, wenn er jemandem helfen konnte; sie ermöglichte vielen – nicht nur Musikern –, sich bei ihm Rat zu holen, ohne daß sie das Gefühl haben mußten, sich etwas zu vergeben.

Und beneidenswert gut konnte Kempe mit Jugendlichen umgehen: Seine natürliche Aufgeschlossenheit, mit der er vom Kleinkind bis zum heranwachsenden Musiker jeden ernst nahm, brachte ihm eine Mischung aus Respekt und Zutrauen entgegen, die so manches Problem moderner Psychologie gegenstandslos erscheinen ließ. Seine Sorge um den musikalischen Nachwuchs, ebenso menschlichen wie beruflichen Ursprungs, galt unter anderem dem »Rehearsal«-Orchester in England, dessen »Patron« er seit vielen Jahren war. Diese Institution gibt jungen Musikern nach beendigtem Studium und vor dem Hineinstürzen in feste Engagements Gelegenheit, unter Anleitung alterfahrener Kollegen nachzuholen, was auf Akademien – aus Zeitmangel oder sonstigen Gründen – nicht vermittelt wird: praktische Erfahrung in der gesamten Orchesterliteratur auf breitester Basis. Nur zu gern hätte Kempe wesentlich mehr Zeit aufgewendet für die Arbeit mit diesem Orchester, die ihm sehr viel Freude machte. »Dieses Rehearsal-Orchester ist eine großartige Idee – und bitter notwendig. Solange so etwas nicht überall Schule macht, kann es mit dem Orchesternachwuchs bei uns nicht besser werden.«

Mindestens ebensosehr lag Kempe das Problem des Dirigentennachwuchses am Herzen – und beunruhigte ihn in den letzten Jahren immer mehr. »Die Sache krankt daran, daß die jungen Leute vielfach meinen, wenn sie sich zu Hause eine Schallplatte auflegen und vor dem Spiegel gutaussehende Bewegungen dazu machen, dann hätten sie Chancen, morgen oder übermorgen Generalmusikdirektor zu werden. Leider passiert sowas manchmal; aber es rächt sich. Jeder Musiker muß in erster Linie auf seinem Instrument üben, und das des Dirigenten ist nun mal das Orchester. Herumzusitzen und zu warten, bis man innerhalb von zwei Spielzeiten ein einziges Konzert zu dirigieren bekommt, ist reine Zeitverschwendung.« Kempes Rat, anständig Klavier- und Partiturspielen zu lernen und in der Oper praktische Erfahrung zu sammeln, stieß allerdings nicht immer auf Einsicht und Begeisterung ... Und oftmals, wenn er jungen Dirigenten die Chance gab, mit einem seiner Orchester eine Probe oder ein Konzert zu machen, trat das Manko solcher Einsicht peinlich zutage.

In den privaten Unterrichtsstunden, die er in den letzten Jahren gab, wann immer er Zeit erübrigen konnte, und in denen es völlig unorthodox zuzugehen pflegte, vermittelte Kempe den jungen Leuten neben rein dirigentischem Wissen unmerklich manches Wertvolle auch aus seiner psychologischen Erfahrung; ebenso in den Orchesterproben, aus denen sie seiner Ansicht nach am meisten lernen konnten. Dabei war er selbst ein wandelnder Gegenbeweis für die so verbreitete Ansicht, man müsse sich möglichst viel mit Psychologie beschäftigen, um mit der Umwelt auszukommen. Mit einem Menschen wie ihm Streit anzufangen, war ein Ding der Unmöglichkeit (die wenigen, von denen die Sage geht, es sei ihnen gelungen, müssen hierfür ein absonderliches Talent gehabt haben). Kein Musiker hat Kempe je mit erhobener Stimme reden hören – und hatte er mit jemandem ein Hühnchen zu rupfen, so tat er es niemals vor versammeltem Orchester. Kam jemand zu ihm, um sich für etwas zu entschuldigen, so schüttelte Kempe meist nur den Kopf: »Ich habe keine Ahnung, wovon Sie reden!« Passierte es etwa, daß nach einer (sehr guten) Opernpremiere die zweite Vorstellung nicht ohne das eine und andere höchst unnötige Malheur im Orchester vonstatten gegangen war, rief Kempe vor der dritten die Musiker zusammen (sie erwarteten, nicht gänzlich frei von Schuldgefühlen, die in solchen Fällen üblichen Vorhaltungen): »Meine Herrn, da war doch, soviel ich mich erinnere, eine sehr gute Aufführung letzten Freitag. Ich denke, wir werden heute wieder so eine haben.« Sie wurde noch besser.

»Der Dienst geht vor« – war seine stehende Rede, und damit hatte es eine seltsame Bewandtnis: Das Wort »Dienst« – im Munde manches Orchesterveteranen schon dreißig Jahre vor der Pensionierung von wahrhaft idealzertrümmerndem Beamten-Sound – hatte in Kempes Mund einen völlig anderen Klang ... Dieser Klang wurde nur dann unerfreulich, wenn etwas oder jemand bei der Ausübung dieses »Dienstes« (vom ungestörten Lernen über den notwendigen Mittagsschlaf bis zum rechtzeitigen Erscheinen am »Tatort«) Kempe in die Quere kam. In solchen Fällen konnte er bis an die Grenzen der Höflichkeit ungemütlich werden ...

Bis an die Grenzen der Höflichkeit gemütlich aber wurde er, sobald der Dienst zu Ende war: Die Behendigkeit, mit der er noch unter der Haustüre die »Klamotten« von sich warf, der Übermut, mit dem er sie als Lampenschirm- und Notenpultdekoration in der Wohnung verteilte, und schließlich die gezielte Dämlichkeit seiner Kommentare, die er einem an Dämlichkeit kaum zu überbietenden Fernsehprogramm zuteil werden lassen konnte, sind unnachahmlich – und einer der Gründe seiner Leistungsfähigkeit. »Wenn man nicht den Mut hat zum gänzlichen Loslassen, bekommt man auch nicht die Spann-kraft, was Brauchbares zuwege zu bringen.« Hierin war Kempe Meister. Die nachtwand-lerische Sicherheit der Ökonomie, mit der er in Proben wie Konzerten nicht nur seine eigenen, sondern auch die Kräfte des Orchesters einzuschätzen und einzuteilen wußte, die Ausgeglichenheit seiner Tempi und die Balance seiner musikalischen Übergänge – in Interpretationen von Bruckner wie Puccini durch ihre Natürlichkeit gleich überzeugend – hatten ihre Entsprechung in allem, was Kempe außermusikalisch tat: Seine »Freizeit-gestaltung« führte vom absoluten Nichtstun und Blödeln über die Beschäftigung mit rein handwerklichen Dingen bis hin zur intensiven Auseinandersetzung mit anspruchsvollen Gebieten, die im Begriff des Hobbys nicht mehr unterzubringen sind. Ob er in den Ferien am Strand sechzehn Stunden täglich nichts anderes tat als den Anblick des Meeres zu stu-dieren (und hin und wieder »dumm daherzureden«, wie er es nannte), ob er mit dem Ten-nisschläger in der Hand und unwiderstehlichem Lausbubenlachen im Gesicht sein will-fähriges »Opfer« im Viereck herumjagte, ob er hochkomplizierte Modelleisenbahnkon-struktionen entwarf und ausführte (die jedem Diplomingenieur Ehre gemacht hätten) oder ob er sich, fernab von allem, in die Astronomie versenkte: immer tat er es mit einem Sinn für Form und Ordnung, der bei aller Akribie im Detail doch himmelweit von Pedan-terie entfernt war; mit einer Behutsamkeit und Geduld, einer Liebe zur Sache, die das ei-gentliche Geheimnis ist für eine glückliche Hand.

Daß auch in der Musik selbst und im Orchesteralltag Entspannung geradezu lebensnot-wendig ist, war eine Erkenntnis, die Kempe liebend gern praktizierte. Zur Wiederbele-bung strapazierter Nerven von Hörern wie Musikern trug nicht unwesentlich bei, was er in den letzten Jahren hie und da in London, Zürich und Dresden, besonders aber in den Münchner Faschingskonzerten mit seinen Philharmonikern anstellte: Nie hätte jemand, der's nicht erlebte, in ihm den jungenhaften Übermut gesucht, mit dem er auf dem Ak-kordeon den »unerschütterlichen Seemann« hinlegte oder auf dem »Kuckuck« das Solo in der Krapfenwaldl-Polka; niemand hätte einem Bruckner-Interpreten wie ihm den Schmiß zugetraut, den leichten Touch von Verruchtheit, mit dem er Musicals und andere »Obszönitäten« (siehe Bad Schandau: »Gelernt ist gelernt!«) zu servieren verstand. Seine alte Liebe zu Karl Valentin verriet der tierische Ernst, mit dem er im Arbeitskittel des Orchesterdieners Noten auf die falschen Pulte verteilte oder avantgardistische Klaviermusik samt seiner eigenen, weithin bekannten Liebe dazu karikierte: durch schlagzeuguntermalte Badebürstenstriche übers eigene Haar und über die Klaviersaiten wie durch rasante Passagen, die er in norwegisch gemusterten Fausthandschuhen höchst präzise auf die Tasten donnerte – unterbrochen von exakt ge»time«ten Marathonläufen um den Flügel. Arrangements wie das des »Schlechthinigen Violinkonzerts«, in dem Kempe nahezu alles Wesentliche (inklusive nicht endenwollender Kadenzen) der Konzerte von Mozart bis Tschaikowsky so nahtlos raffiniert und in so abenteuerlichem Tempo miteinander verquickt, daß selbst Fachleute Mühe haben zu verfolgen, wo Brahms aufhört und Dvořák anfängt – Gerard Hoffnung persönlich hätte es ihm neiden können.

Ob Kempe auf solchen »philharmonischen Abwegen« mit Solistinnen und Chordamen flirtete oder unterm Dirigieren Faschingskrapfen vertilgte – sein Charme blieb immer gentlemanlike, und mit seinem Humor steckte er nicht nur an: In dem Gefühl, daß Nehmen seliger sein kann als Geben, verletzte er niemanden – und wärmte jedem das Herz.

Oftmals in den letzten Jahren hat Rudolf Kempe innegehalten – atemholend und zurückblickend, wie Menschen es zuweilen tun, die mit dem Tode in Berührung waren, und denen nichts mehr selbstverständlich ist außer dem Wissen darum, daß »alles fließt«. In solchen Momenten konnte er sagen: »Es war alles Zufall. Es ist mir zugefallen, und ich hab es angenommen. Mehr nicht.« Wenn es eines gab, was ihn mit stolzer Dankbarkeit erfüllte, so war es, daß er sich zeitlebens nie um etwas hatte bewerben müssen, nie jemanden um etwas hatte bitten müssen. So konnte er auch niemandem etwas neiden, konnte keinen Menschen hassen. Nie hat Rudolf Kempe die Einfachheit seiner Herkunft verleugnet; die Vornehmheit seines Charakters, die Wärme seiner Herzensbildung haben manchen beschämt, der durch Herkunft und Bildung sich überlegen glaubte. Was er konnte, und was er mit seinem Können erreicht hat, sah er nicht als persönliches Verdienst; seine Arbeit war der selbstverständliche Tribut, der für seine Begabung von ihm gefordert wurde. Alles übrige aber war ihm nicht selbstverständlich: er, der manches zu entbehren gelernt hat, was andere als ihnen zustehend betrachten, nahm mit täglich neuer Dankbarkeit auch die kleinste Kleinigkeit entgegen, die das Leben ihm an Positivem schenkte; öffnete sich ihm mit täglich neuem, kindlichem Staunen. Dieses Staunenkönnen war es, was den jugendlichen Zauber seines Wesens ausmachte; die Offenheit, die dieses Wesen jedoch

zugleich so sehr verletzlich machte. Unbewußt versuchte er oft, diese Verletzlichkeit zu verbergen – und erschien dadurch verschlossener, als er in Wahrheit war. Erst spät begann er zu ahnen, daß die Ungeschütztheit seines Herzens keines äußeren Schutzes bedurfte – denn sie war zugleich dessen Stärke, hatte einen gemeinsamen Ursprung mit der Sicherheit und Ruhe, Gelassenheit und Heiterkeit, die er andern gab: Demut.
Hätte er je diese Ahnung in Worte gefaßt, es wären vielleicht die aus dem *Rosenkavalier* gewesen:

> »... Das alles ist geheim, so viel geheim.
> Und man ist dazu da, daß man's ertragt.
> Und in dem Wie, da liegt der ganze Unterschied ...«

München 1970 ▷

Seiten 122 und 123: *Probe mit den Münchner Philharmonikern 1971*

Probe für Konzert und Schallplattenaufnahme von Richard Strauss' »Alpensinfonie« mit den »Dresdnern« 1971

Nach glücklich beendeter »Alpen-Expedition«: beim Abhören mit den beiden Aufnahmeleitern David Mottley, EMI (vorne) und Heinz Wegner, Eterna (rechts neben Kempe)

Ferien-Spaß beim Tennis: Unschlagbare Schlagtechnik!

Bei Regenwetter daheim: Tonbandaufnahme »Der Neutöner« (mittels Playback wird das gesamte »Kitchen-Department« im Einmann-Betrieb bedient!)

Konzert mit den Münchner Philharmonikern 1972 im Herkules-Saal der Münchner Residenz

Amerika-Tournee mit den »Royal Phil« 1972

Luftschnappen mit den Töchtern Ina und Karin

Kurze Rast an der Autobahn

◁ *»Muß ich jetzt unbedingt auf diese Party?«*

Rechte Seite:

Keep smiling – mit dem Solo-Bratschisten Frederick Riddle und der Geigen-Solistin Teiko Maehashi

Dialog mit dem Solo-Cellisten

Konzert zur New Yorker Saison-Eröffnung in der Carnegie Hall

Vier Münchner Dirigenten musizieren an vier Klavieren: Bachs a-moll-Konzert mit Fritz Rieger, Rafael Kubelik und Wolfgang Sawallisch im Herkules-Saal der Münchner Residenz, Nov. 1972

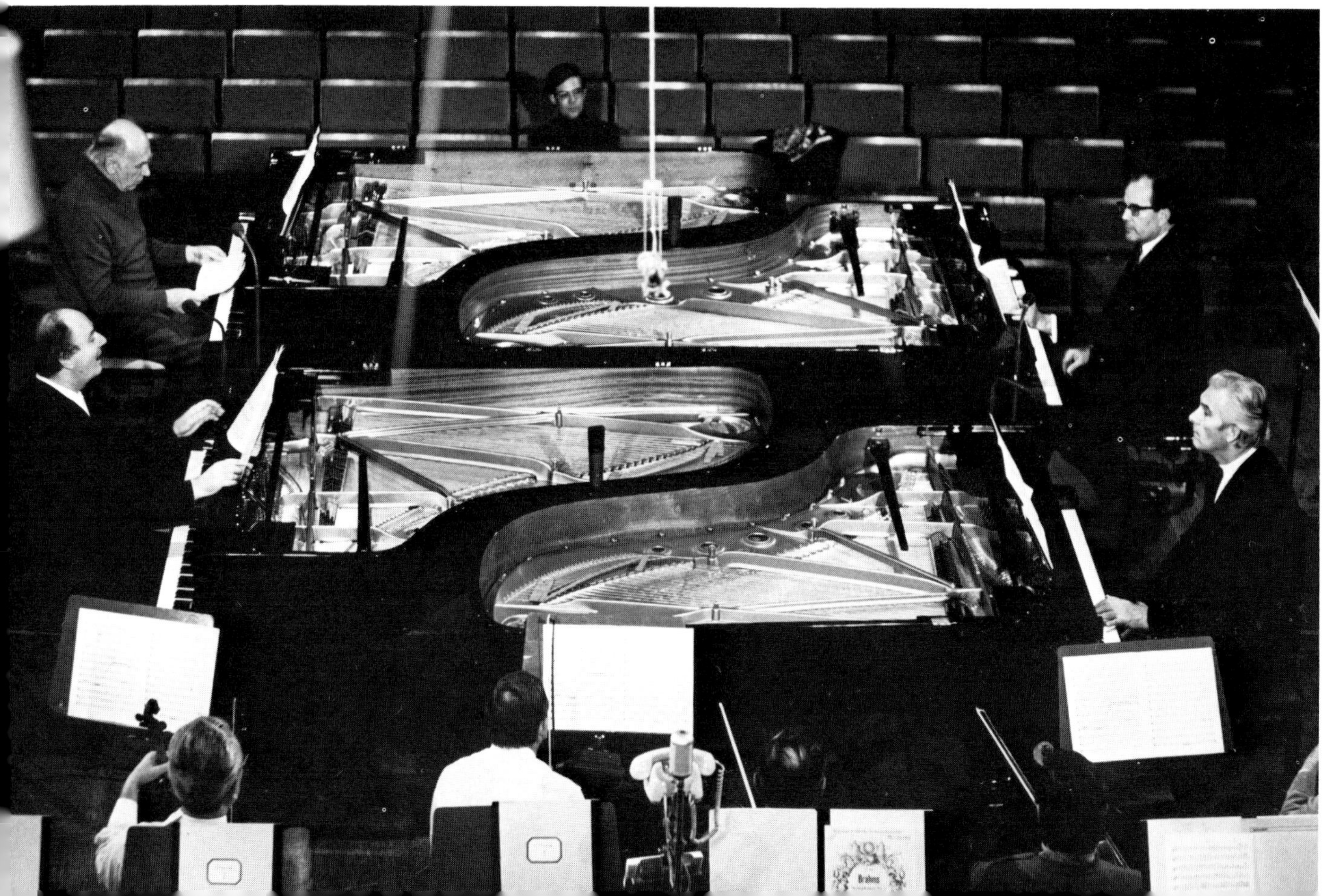

Im Trio mit Fritz Kiskalt, Zürich 1974

Zu Silvester in Dresden mit der »Kapelle«: »Flederkavalier« oder »Rosenmaus«?

Probe für Silvester- und Neujahrs-Konzert 1972/1973 im »Großen Haus«: »Gold und Silber«-Walzer

Schallplatten-Aufnahme im Münchner Bürgerbräu-Keller Juni 1973:
Beethovens Neunte mit den Münchner Philharmonikern, dem Philharmonischen und dem Motetten-Chor;
Solisten (von rechts): Ursula Koszut, Brigitte Fassbaender, Nicolai Gedda und Donald Mac Intyre

Aufnahme von Brahms' Klavierkonzert B-Dur
mit Bruno Leonardo Gelber und den »Royal Philharmonic«
London, September 1973

Abhören: »– – – *Probleme«?*

»Nicht für uns!«

»Noch Einwände von der Technik?«

»Na also!«

Zu Hause

Ein neuer Zug wird begutachtet

Schnappschüsse

Zwischendurch Korrespondenz

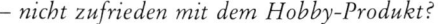

– nicht zufrieden mit dem Hobby-Produkt?

Probe mit dem »Rehearsal Orchestra« in London 1974
Ratschläge für den jungen Konzertmeister

… und wieder bei den »Dresdnern«: Aufnahme –

– und Ergebnis: »Für mich genügt's ...«

Festspiele in Orange

Im Römischen Amphitheater

»Salome« 1974,
Probe mit Leonie Rysanek (stehend),
Marga Schiml, Horst Laubenthal

»Walküre« 1975: *Probe –*

– mit Intermezzo: Wiederbegegnung zweier Landsleute (»Wotan« Theo Adam)

Rußland-Tournee der Münchner Philharmoniker 1974: Konzert in der Leningrader Philharmonie

»Farewell Party« des Royal Philharmonic Orchestra, Juli 1975

Der Orchester-Vorstand überreicht als »Souvenir« eine Skizze Arturo Toscaninis, von Fjodor Schaljapin gezeichnet

Orchester-Vorstand und General Manager

Public Relations Manager

»Auf Wiedersehen« für alle:

Solo-Cellist
und – last but not least – die Orchester-Warte

Das älteste Mitglied des Orchesters

Probe in der Royal Albert Hall

Neu – doch altvertraut: das BBC Symphony Orchestra

Bläser unter sich

Dvořáks »Neue Welt« im Promenadenkonzert in der Albert Hall, August 1975

Generalprobe mit den »Dresdnern« (Januar 1976): »Feuervogel« von Strawinski

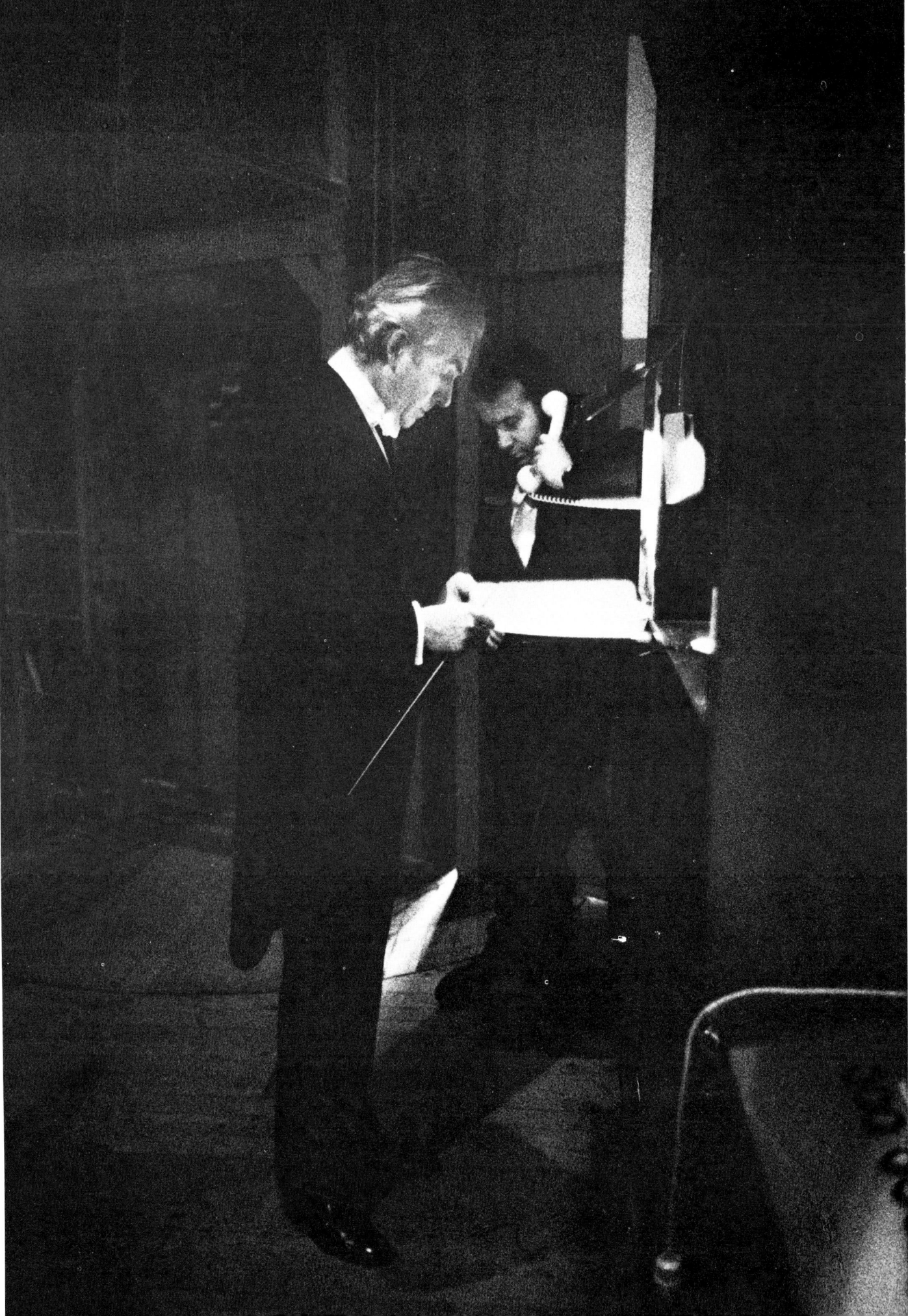

Konzert in Dresden

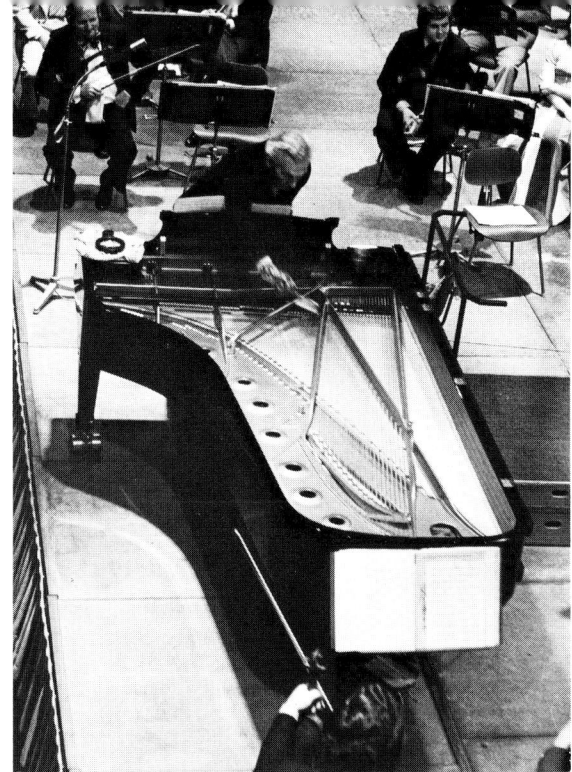

»Das kann doch einen Seemann nicht ...«   *Liebe zur »Musica Viva«, am Klavier demonstriert*

Die Münchner Philharmoniker und ihr Chef »auf Abwegen« – Faschingskonzerte 1976

»Philharmoniker« gegen »Feuerwehrkapelle Disharmoning«

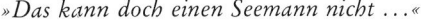

»Kuckuck«-Solo in der Krapfenwaldl-Polka

Flirt mit der »Fair Lady« June Card

Schluß-Applaus

Zu Hause am Cembalo

Diskographie

Johann Sebastian Bach	Suite Nr. 3 D-Dur BWV 1068	Berliner Philharmoniker	1956	Electrola WCLP 539
Josef Bayer	Ballettmusik aus »Die Puppenfee«	Wiener Philharmoniker	1961	EMI ALP 1974
Ludwig van Beethoven	Die neun Sinfonien	Münchner Philharmoniker	1971–	Electrola
	Ouvertüren: Prometheus op. 43	Münchner Motettenchor	1973	1C 147-02 506/13 Q
	Leonore Nr. 3 op. 72 a	Münchner Philharmonischer Chor		EMI Q 4SLS 892
	Egmont op. 84	Ursula Koszut / Brigitte Fassbaender /		
		Nicolai Gedda / Donald McIntyre		
	Sinfonie Nr. 3 Es-Dur op. 55	Münchner Philharmoniker	1971	Electrola 1C 051-02 507 Q
	»Eroica«, Prometheus-Ouvertüre op. 43			
	Sinfonie Nr. 3 Es-Dur op. 55	Berliner Philharmoniker	1959	EMI ASD 426
				CRYSTAL AC 047-50 507
	Sinfonie Nr. 4 B-Dur op. 60	Münchner Philharmoniker	1973	Electrola 1C 037-02 508 Q
	Leonoren-Ouvertüre Nr. 3 op. 72 a			
	Sinfonie Nr. 5 c-Moll op. 67	Münchner Philharmoniker	1971	Electrola 1C 051-02 509 Q
	Egmont-Ouvertüre op. 84			
	Sinfonie Nr. 5 c-Moll op. 67	Tonhalle-Orchester Zürich	1972	Ex Libris EL 16 605
	Sinfonie Nr. 6 F-Dur op. 68 »Pastorale«	Münchner Philharmoniker	1972	Electrola 1C 051-02 510 Q
	Sinfonie Nr. 7 A-Dur op. 92	Münchner Philharmoniker	1971	Electrola 1C 037-02 511 Q
	In Vorbereitung:			
	Egmont-Ouvertüre, 7. Sinfonie	Rudolf Kempe probt mit der	1970	Eterna
		Staatskapelle Dresden		
	Sinfonie Nr. 9 d-Moll op. 125	Münchner Philharmoniker	1973	Electrola 1C 145-02 761/62 Q
		Münchner Motettenchor		
		Münchner Philharmonischer Chor		
		Koszut / Fassbaender / Gedda / McIntyre		
	Ouvertüren	Berliner Philharmoniker	1956/	EMI ASD 336
	Fidelio op. 72 b		1957	Electrola 1C 047-50 513
	Leonore Nr. 3 op. 72 a			
	Coriolan op. 62			
	Prometheus op. 43			
	Egmont op. 84			
	Klavierkonzert Nr. 5 Es-Dur op. 73	Berliner Philharmoniker	1957	Electrola E 80 025
		Jakob Gimpel		
	Klavierkonzert Nr. 5 Es-Dur op. 73	Royal Philharmonic Orchestra	1964	RCA RD4-60-1
		Rudolf Firkusny		
Johannes Brahms	Sinfonie Nr. 1 c-Moll op. 68	Berliner Philharmoniker	1959	EMI ALP 1772
				ASD 350
				Electrola 1C 047-50 538
	Sinfonien Nr. 1–4	Münchner Philharmoniker	1975	ACANTA JB 23033
	+ Haydn-Variationen op. 56 a			
	Sinfonie Nr. 1 c-Moll op. 68	Münchner Philharmoniker	1975	BASF 20 22391-4
	Sinfonie Nr. 2 D-Dur op. 73	Berliner Philharmoniker	1955	EMI ALP 1386
				Electrola E 80 004
	Sinfonie Nr. 2 D-Dur op. 73	Bamberger Symphoniker	1963	Ariola 27 641 XAK
	Sinfonie Nr. 2 D-Dur op. 73	Münchner Philharmoniker	1975	BASF DC 223 922
	Sinfonie Nr. 3 F-Dur op. 90	Berliner Philharmoniker	1960	EMI ASD 406
	Sinfonie Nr. 3 F-Dur op. 90	Münchner Philharmoniker	1975	BASF 20 223930
	Sinfonie Nr. 4 e-Moll op. 98	Berliner Philharmoniker	1956	EMI ALP 1545
	Sinfonie Nr. 4 e-Moll op. 98	Münchner Philharmoniker	1975	BASF 20 22394-9
	Sinfonie Nr. 4 e-Moll op. 98	Royal Philharmonic Orchestra	1960	EMI ASD 461
				CRYSTAL 1C 047-50 800
	Variationen über ein Thema	Bamberger Symphoniker	1963	Ariola 27 641 XAK
	von Haydn op. 56 a			
	Variationen über ein Thema	Münchner Philharmoniker	1975	BASF 20 223 930
	von Haydn op. 56 a			
	Variationen über ein Thema	Berliner Philharmoniker	1956	Electrola WCLP 539
	von Haydn op. 56 a			
	Tragische Ouvertüre op. 81	Berliner Philharmoniker	1960	EMI ASD 406
	Konzert für Violine und Orchester	Berliner Philharmoniker	1957	EMI ASD 264
	D-Dur op. 77	Yehudi Menuhin		CRYSTAL SHZEL 716
				Eterna 825 261

	Konzert für Klavier und Orchester Nr. 1 d-Moll op. 15	Berliner Philharmoniker Jakob Gimpel	1958	Electrola E 80 427
	Konzert für Klavier und Orchester Nr. 2 B-Dur op. 83	Royal Philharmonic Orchestra Bruno Leonardo Gelber	1973	Electrola 1C 063-12 788 Q
	Ein deutsches Requiem op. 45	Berliner Philharmoniker Chor der St.-Hedwigs-Kathedrale Berlin – Elisabeth Grümmer / Dietrich Fischer-Dieskau	1955	EMI ALP 1351/2 Electrola 1C 147-28 550/51
Hector Berlioz	Symphonie fantastique op. 14	Berliner Philharmoniker	1959	Electrola 1C 051-03 013
	Römischer Karneval op. 9	Wiener Philharmoniker	1958	Electrola ASD 330
Georges Bizet	L'Arlésienne-Suite Nr. 1	Bamberger Symphoniker	1963	Ariola 88 705 XDK
	L'Arlésienne-Suite Nr. 2	Bamberger Symphoniker	1963	Ariola 88 705 XDK
Benjamin Britten	Sinfonia da Requiem	Staatskapelle Dresden	1976	Eterna 827 012
Max Bruch	Violinkonzert Nr. 1 g-Moll op. 26 Schottische Fantasie op. 46	Royal Philharmonic Orchestra Kyung-Wha Chung	1972	Decca SXL 6573
Anton Bruckner	Sinfonie Nr. 4 Es-Dur »Romantische«	Münchner Philharmoniker	1975	BASF EB 227 391
	Sinfonie Nr. 5 B-Dur	Münchner Philharmoniker	1974	BASF 3 922 526-7
	Sinfonie Nr. 8 c-Moll (1890)	Tonhalle-Orchester Zürich	1973	Ex Libris EL 16 607
Frédéric Chopin	Klavierkonzert Nr. 2 f-Moll op. 21	Royal Philharmonic Orchestra Shura Cherkassky	1966	RCA RD4-41-4
Anton Dvorák	Sinfonie Nr. 8 G-Dur op. 88	Münchner Philharmoniker	1972	MPS/BASF 2 921 770-1
	Sinfonie Nr. 9 e-Moll op. 95 »Aus der Neuen Welt«	Berliner Philharmoniker	1957	EMI ASD 380 CRYSTAL 1C 047-50 508
	Sinfonie Nr. 9 e-Moll op. 95	Royal Philharmonic Orchestra	1963	RCA RD4-2-13
	Sinfonie Nr. 9 e-Moll op. 95	Tonhalle-Orchester Zürich	1972	Ex Libris EL 16 606
	Serenade für Streicher E-Dur op. 22	Münchner Philharmoniker	1968	CBS S 72.711
	Scherzo Capriccioso op. 66	Royal Philharmonic Orchestra	1961	EMI ASD 449
	Scherzo Capriccioso op. 66	Berliner Philharmoniker	1957	Electrola WCLP 548
	Aus »Rusalka«: Lied an den Mond	Berliner Philharmoniker Elisabeth Lindermeier	1957	Electrola WCLP 548
Christoph Willibald Gluck	Ballett-Suite	Wiener Philharmoniker	1962	EMI ALP 1910 Electrola STE 80 732
Jakov Gotovac	Kolo aus »Ero der Schelm«	Wiener Philharmoniker	1961	EMI ALP 1930 ASD 494
Charles Gounod	Faust-Walzer	Wiener Philharmoniker	1961	EMI ALP 1974 ASD 525
Edvard Grieg	Klavierkonzert a-Moll op. 16	Münchner Philharmoniker Nelson Freire	1968	CBS S. 72.712
Georg Friedrich Händel	Feuerwerksmusik	Bamberger Symphoniker	1962	Electrola STE 70 495
Joseph Haydn	Sinfonie Nr. 93 D-Dur	Münchner Philharmoniker	1969	Intercord 701-09 K (J 701/4)
	Sinfonie Nr. 104 D-Dur	Philharmonia Orchestra	1956	EMI ALP 1471
Richard Heuberger	Ouvertüre zu »Der Opernball«	Wiener Philharmoniker	1958	EMI ALP 1637 Electrola STE 41 142
Engelbert Humperdinck	Suite aus »Hänsel und Gretel«, arrangiert von Rudolf Kempe	Royal Philharmonic Orchestra	1961	EMI ASD 460
Leos Janácek	Glagolitische Messe	Royal Philharmonic Orchestra Brighton Festival Chor Teresa Kubiak / Anne Collins / Robert Tear / Wolfgang Schöne	1973	Decca SXL 6600
Zoltán Kodály	Hary Janos Suite	Wiener Philharmoniker	1961	EMI ALP 1930 ASD 494 Electrola E 70 511
Erich Wolfgang Korngold	Sinfonie in Fis op. 40	Münchner Philharmoniker	1972	RCA 26 41227
Franz Lehár	Walzer »Gold und Silber«	Wiener Philharmoniker	1958	Electrola 1C 151-01 463/64 EMI ALP 1637
	Walzer »Gold und Silber«	Staatskapelle Dresden	1972/ 1973	Ariola 86 847 IU Amiga 845 105
Franz Liszt	Totentanz für Klavier und Orchester	Münchner Philharmoniker Nelson Freire	1968	CBS S 72.713
Gustav Mahler	Kindertotenlieder	Berliner Philharmoniker Dietrich Fischer-Dieskau	1955	Electrola 1C 063-00 898
Pietro Mascagni	Intermezzo aus »Freund Fritz«	Wiener Philharmoniker	1961	EMI ALP 1974 ASD 525
Felix Mendelssohn-Bartholdy	Sinfonie Nr. 3 a-Moll »Schottische«	Staatskapelle Dresden	1951	Supraphon LKS 30 017 Parliament PLP-142
	Musik zu Shakespeares »Ein Sommernachtstraum«	Royal Philharmonic Orchestra	1961	EMI ASD 449
	Hebriden-Ouvertüre	Wiener Philharmoniker	1958	Electrola ASD 330

Wolfgang Amadeus Mozart	Sinfonie Nr. 34 D-Dur KV 338	Philharmonia Orchestra	1955	EMI ALP 1471
	Sinfonie Nr. 39 Es-Dur KV 543	Philharmonia Orchestra	1955	EMI □□
	Sinfonie Nr. 41 C-Dur KV 551 »Jupiter«	Philharmonia Orchestra	1955	EMI □□
	Serenade Nr. 13 G-Dur KV 525 »Eine kleine Nachtmusik« Ouvertüren zu »Così fan tutte«, »Die Hochzeit des Figaro«, »Die Zauberflöte«, »Idomeneo«	Philharmonia Orchestra	1955	EMI BLP 1088
	Serenade Nr. 13 G-Dur KV 525 »Eine kleine Nachtmusik«	Bamberger Symphoniker	1963	Ariola 27 642 XAK
	Requiem d-Moll KV 626	Berliner Philharmoniker Chor der St.-Hedwigs-Kathedrale Elisabeth Grümmer / Marga Höffgen / Helmut Krebs / Gottlob Frick	1955	EMI ALP 1444 Electrola 1C 047-00 128 M
	Hornkonzerte D-Dur KV 412, Es-Dur KV 447, Es-Dur KV 417, Es-Dur KV 495 Konzertrondo für Horn Es-Dur KV 371	Royal Philharmonic Orchestra Alan Civil	1966	RCA LSC 2973-B
	Klavierkonzert B-Dur KV 595	Münchner Philharmoniker Friedrich Gulda	1972	MPS/BASF 2921770/1
Otto Nicolai	Ouvertüre zu »Die lustigen Weiber von Windsor«	Wiener Philharmoniker	1958	Electrola ASD 330
Jacques Offenbach	Ouvertüre zu »Orpheus in der Unterwelt«	Wiener Philharmoniker	1960	EMI ALP 1974 ASD 525
Amilcare Ponchielli	Tanz der Stunden aus »La Gioconda«	Wiener Philharmoniker	1961	EMI ALP 1974 ASD 525
Ottorino Resphighi	Pini di Roma	Royal Philharmonic Orchestra	1964	RCA RD 4-15-1
Nikolaus von Reznicek	Ouvertüre zu »Donna Diana«	Wiener Philharmoniker	1958	EMI ALP 1637 Electrola STE 41 142 Electrola 1C 151-01 463/64
Nicolai Rimsky-Korssakow	Scheherazade	Royal Philharmonic Orchestra	1967	RCA ST 657
Franz Schmidt	Zwischenspiel aus »Notre Dame«	Wiener Philharmoniker	1961	EMI ALP 1974 ASD 525
Othmar Schoeck	Vom Fischer und syner Fru	Münchner Philharmoniker Kari Lövaas / Horst Laubenthal / Sigmund Nimsgern	1975	BASF □□
Franz Schubert	Sinfonie Nr. 8 h-Moll »Unvollendete«	Bamberger Symphoniker	1963	Ariola 27 642 XAK
	Sinfonie Nr. 9 C-Dur	Münchner Philharmoniker	1968	CBS S 72.710
	Musik zu »Rosamunde« Ouvertüre / Zwischenaktmusik / Ballettmusik	Wiener Philharmoniker	1961	EMI ALP 1910 ASD 478 Electrola STE 80 732
Robert Schumann	Sinfonie Nr. 1 B-Dur op. 38 »Frühlingssinfonie«	Berliner Philharmoniker	1955	EMI ALP 1581 Electrola E 70 005
	Manfred-Ouvertüre op. 115	Berliner Philharmoniker	1956	EMI ALP 1581
	Klavierkonzert a-Moll op. 54	Münchner Philharmoniker Nelson Freire	1968	CBS S 72.713
Friedrich Smetana	Die Verkaufte Braut	Bamberger Symphoniker RIAS-Kammerchor Pilar Lorengar / Fritz Wunderlich Gottlob Frick / Marcel Cordes / Nada Puttar / Ivan Sardi / Sieglinde Wagner / Karl-Ernst Mercker / Ernst Krukowski / Gertrud Freedmann / Walter Stoll Großer Querschnitt hiervon	1962	EMI ALP 1971-3 ASD 522-4 Electrola 1C 153-28 922/23 Electrola 1C 063-29 002
	Ouvertüre zu »Die verkaufte Braut«	Wiener Philharmoniker	1958	Electrola ASD 330
	Ouvertüre, Polka, Furiant, Tanz der Komödianten	Royal Philharmonic Orchestra	1961	EMI ASD 449
	Arie der Marie	Berliner Philharmoniker Elisabeth Lindermeier	1957	Electrola WCLP 548
	Aus Böhmens Hain und Flur aus »Mein Vaterland«	Bamberger Symphoniker	1963	Ariola S 70 655 KK
	Die Moldau aus »Mein Vaterland«	Royal Philharmonic Orchestra	1961	EMI □□
Johann Strauß, Vater	Radetzky-Marsch	Wiener Philharmoniker	1958	EMI ASD 431 Electrola 1C 151-01 463/64
Johann Strauß, Sohn	Ouvertüre »Die Fledermaus«	Wiener Philharmoniker	1958	Electrola 1C 151-01 463/64
	Ouvertüre »Die Fledermaus«	Staatskapelle Dresden	1972/ 1973	Ariola 86 847 IU Amiga 845 105

	Kaiserwalzer	Wiener Philharmoniker	1960 EMI ASD 431
	G'schichten aus dem Wienerwald	Wiener Philharmoniker	1960 EMI ASD 431
	G'schichten aus dem Wienerwald	Staatskapelle Dresden	1972/ Ariola 86847 IU
			1973 Amiga 845 105
	Intermezzo aus »Tausendundeine Nacht«	Wiener Philharmoniker	1960 EMI ASD 431
			Electrola 1C 151-01 463/64
	Leichtes Blut, Polka	Wiener Philharmoniker	1960 EMI ASD 431
			Electrola 1C 151-01 463/64
	Leichtes Blut, Polka	Staatskapelle Dresden	1972 Ariola 86847 IU
			1973 Amiga 845 105
	Im Krapfenwaldl, Polka	Wiener Philharmoniker	1960 EMI ASD 431
			Electrola wie oben
Joseph Strauß	Sphären-Klänge, Walzer	Wiener Philharmoniker	1958 Electrola 1C 151-01 463/64
	Sphären-Klänge, Walzer	Staatskapelle Dresden	1972 Ariola 86847 IU
			1973 Amiga 845 105
	Dynamiden-Walzer	Wiener Philharmoniker	1958 EMI ASD 431
			Electrola 1C 151-01 463/64
Richard Strauss	Werke für Orchester, Folge 1	Staatskapelle Dresden	1970 EMI SLS 861
	Also sprach Zarathustra / Don Juan / Der Bürger als Edelmann / Walzer aus »Schlagobers« / Alpensinfonie / Metamorphosen / Macbeth		1971 Electrola 1C 191-50 271/74
	Werke für Orchester, Folge 2	Staatskapelle Dresden	1970– EMI SLS 880
	Ein Heldenleben / Don Quixote / Walzer 1. und 2. Akt aus »Der Rosenkavalier« / Tod und Verklärung / Tanzsuite nach Klavierstücken von Francois Couperin	Paul Tortelier / Max Rostal	1973 Electrola 1C 195-50 344/46
	Werke für Orchester, Folge 3	Staatskapelle Dresden	1972– EMI SLS 894
	Sinfonia domestica / Aus Italien / Till Eulenspiegels lustige Streiche / Tanz der sieben Schleier aus »Salome« / Josephslegende		1974 Electrola 1C 195-52 100/02
	Mondscheinmusik aus »Capriccio« Der Bürger als Edelmann / Walzer aus »Schlagobers«	Staatskapelle Dresden	1970/ Eterna 826439 1971
	Ein Heldenleben	Staatskapelle Dresden	1971/ Eterna 826625 1972
	Metamorphosen / Macbeth	Staatskapelle Dresden	1973 Eterna 826626
	Don Quixote / Walzerfolgen aus »Der Rosenkavalier« op. 59	Staatskapelle Dresden	1973 Eterna 826624
	Tanzsuite nach Couperin / Josephslegende	Staatskapelle Dresden	1973/ Eterna 826627 1974
	Sinfonia Domestica	Staatskapelle Dresden	1972 Eterna □□
	Aus Italien, Sinfonische Fantasie G-Dur op. 16	Staatskapelle Dresden	1974 Electrola 1C 063-02 523 Q Eterna 826628
	Till Eulenspiegels lustige Streiche op. 28 / Tanz der sieben Schleier aus »Salome« / Tod und Verklärung op. 24	Staatskapelle Dresden	1970 Electrola 1C 063-02 344 Eterna 826437
	Don Juan op. 20 Also sprach Zarathustra op. 30	Staatskapelle Dresden	1970/ Electrola 1C 063-02 342 Q 1971 Eterna 826438
	Don Juan op. 20	Royal Philharmonic Orchestra	1964 RCA RD 4-15-1
	Eine Alpensinfonie op. 64	Staatskapelle Dresden	1971 Electrola 1C 063-02 341 Q Eterna 826440
	Eine Alpensinfonie op. 64	Royal Philharmonic Orchestra	1966 RCA 26.41092
	Don Quixote op. 35 / Till Eulenspiegels lustige Streiche op. 28	Berliner Philharmoniker Paul Tortelier / Giusto Cappone	1958 Electrola EL 80438 EMI ASD 326
	Metamorphosen	Münchner Philharmoniker	1968 CBS S 72.711
	Instrumentalkonzerte	Staatskapelle Dresden	1975 EMI SLS 5067
	Hornkonzerte Nr. 1 Es-Dur op. 11 und Nr. 2 Es-Dur / Violinkonzert d-Moll op. 8 / Burleske d-Moll / Oboenkonzert D-Dur / Parergon zur Sinfonia domestica / Duett-Concertino für Klarinette und Fagott / Panathenäenzug op. 74	Peter Damm / Ulf Hoelscher / Malcolm Frager / Manfred Clement / Manfred Weise / Wolfgang Liebscher / Peter Rösel	Electrola 1C 191-02 743/46 Q
	Hornkonzerte Nr. 1 Es-Dur op. 11 und Nr. 2 Es-Dur	Staatskapelle Dresden Peter Damm	1975 Electrola 1C 063-02 743 Q Eterna 826854
	Hornkonzert Nr. 1 Es-Dur op. 11	Royal Philharmonic Orchestra Alan Civil	1967 RCA RD4-60-1

165

	Burleske d-Moll / Violinkonzert	Staatskapelle Dresden Malcolm Frager / Ulf Hoelscher	1975	Eterna 826 553
	Oboenkonzert / Duett-Concertino für Klarinette und Fagott	Staatskapelle Dresden Manfred Clement / Manfred Wetse / Wolfgang Liebscher	1975	Eterna 826 855
	Parergon zur Sinfonia Domestica / Panathenäenzug op. 74	Staatskapelle Dresden Peter Rösel	1975/ 1976	Eterna 826 856
	Ariadne auf Naxos	Staatskapelle Dresden Gundula Janowitz / Sylvia Geszty / Teresa Zylis-Gara / James King / Peter Schreier / Hermann Prey / Theo Adam / Erika Wüstmann / Adele Stolte / Annelies Burmeister / Hans-Joachim Rotzsch / Siegfried Vogel	1968	EMI SAN 215-7 Electrola 1C 165-00 110/12 Eterna 820 009/011
		Großer Querschnitt hiervon		Electrola 1C 063-00 824
	Der Rosenkavalier	Staatskapelle Dresden Margarete Bäumer / Tiana Lemnitz / Ursula Richter / Kurt Böhme / Hans Löbel / Angela Kolniak / Franz Sauter / Emilie Walther-Sacks / Werner Liebing / Erich Händel Chor der Dresdner Staatsoper	1950	Urania URLP 210 BASF/Fonoteam/Acanta □□
Igor Strawinsky	Der Feuervogel	Staatskapelle Dresden	1976	Eterna 827 012
Franz von Suppé	Ouvertüre »Ein Morgen, ein Mittag, ein Abend in Wien«	Wiener Philharmoniker	1958	Electrola 1C 151-01 463/64 EMI ALP 1637
	Ouvertüre »Ein Morgen, ein Mittag, ein Abend in Wien«	Staatskapelle Dresden	1972/ 1973	Ariola 86 847 IU Amiga 845 105
Peter I. Tschaikowsky	Sinfonie Nr. 5 e-Moll op. 64	Berliner Philharmoniker	1959	EMI ALP 1800 Electrola STE 80 509
	Sinfonie Nr. 6 h-Moll op. 74	Philharmonia Orchestra	1957	EMI ALP 1566
	Thema und Variationen aus der Suite Nr. 3 G-Dur op. 55	Wiener Philharmoniker	1961	EMI ALP 1930 ASD 494
	Klavierkonzert Nr. 1 b-Moll op. 23	Münchner Philharmoniker Nelson Freire	1968	CBS S 72.712
	Szenen aus »Eugen Onegin«	Berliner Philharmoniker Chor der Städt. Oper Berlin Elisabeth Lindermeier	1957	Electrola WCLP 548
Richard Wagner	Die Meistersinger von Nürnberg	Staatskapelle Dresden Chor der Staatsoper Dresden Ferdinand Frantz / Kurt Böhme / Johannes Kempter / Kurt Legner / Heinrich Pflanzl / Karl Paul / Karl-Heinz Thomann / Heinrich Tessmer / Gerhard Stolze / Theo Adam / Erich Händel / Werner Faulhaber / Bernd Aldenhoff / Gerhard Unger / Tiana Lemnitz / Emilie Walther-Sacks	1951	Urania URLP 206 BASF 2229 267-3
	Die Meistersinger von Nürnberg	Berliner Philharmoniker Chor der Städt. Oper Berlin Chor der St.-Hedwigs-Kathedrale Ferdinand Frantz / Gottlob Frick / Horst Wilhelm / Walter Stoll / Benno Kusche / Gustav Neidlinger / Manfred Schmidt / Leopold Clam / Herold Kraus / Robert Koffmane / Anton Metternich / Hanns Pick / Rudolf Schock / Gerhard Unger / Elisabeth Grümmer / Marga Höffgen / Hermann Prey	1956	EMI ALP 1506-1510 Eterna 820/108-112 Electrola E 90 008/12
	Die Meistersinger von Nürnberg Vorspiele zum 1. und 3. Akt	Berliner Philharmoniker	1956	Electrola WDLP 557
	Die Meistersinger von Nürnberg Vorspiel zum 1. Akt	Münchner Philharmoniker	1972	MPS/BASF 2921 770-1
	Lohengrin	Chor und Orchester der Bayerischen Staatsoper München Kurt Böhme / George Vincent / Marianne Schech / Andreas Boehm / Margarethe Klose / Willi Wolff	1952	Urania URLP 225 BASF 4022 326-4

	Lohengrin	Wiener Philharmoniker	1962/	EMI AN 121-5
		Chor der Wiener Staatsoper	1963	SAN 121-5
		Elisabeth Grümmer / Christa Ludwig /		Electrola 1C 161-00 017/21
		Jess Thomas / Dietrich Fischer-Dieskau /		
		Gottlob Frick / Otto Wiener		
		Großer Querschnitt hiervon		Electrola 1C 063-00 747
	Das Rheingold – Querschnitt	Orchester der Deutschen Staatsoper	1959	EMI ALP 1984
		Berlin		ASD 535
		Ferdinand Frantz / Josef Metternich /		Electrola STE 80 470
		Rudolf Schock / Helmut Melchert /		Eterna 825 091
		Benno Kusche / Johanna Blatter / Ruth		
		Siewert / Lisa Otto / Melitta Muszely /		
		Sieglinde Wagner		
	Aus »Tannhäuser:	Berliner Philharmoniker	1956	EMI ALP 1513
	Ouvertüre und Bacchanale /			
	»Der fliegende Holländer«: Ouvertüre			
	Aus »Die Götterdämmerung«:			
	Siegfrieds Rheinfahrt			
	Aus »Tristan und Isolde«:	Wiener Philharmoniker	1958	EMI ALP 1638
	Vorspiel und Liebestod			Electrola E 80 456
	Aus »Lohengrin«:			
	Vorspiele zum 1. und 3. Akt			
	Aus »Parsifal«:			
	Vorspiel und Karfreitagszauber			
Carl Maria von Weber	Der Freischütz	Staatskapelle Dresden	1951	Urania URLP 403
		Chor der Dresdner Staatsoper		BASF 2229 2681
		Bernd Aldenhoff / Kurt Böhme / Werner		
		Faulhaber / Elfriede Trötschel / Irma		
		Beilke / Karl Paul / Hannes Hägele /		
		Heinz Krämer / Karl-Heinz Thomann		
	Ouvertüre zu »Euryanthe«	Bamberger Symphoniker	1963	Ariola 87 372 XBK
	Ouvertüre zu »Oberon«	Wiener Philharmoniker	1958	EMI ASD 330
Jaromir Weinberger	Polka und Fuge aus »Schwanda	Royal Philharmonic Orchestra	1961	EMI ASD 449
	der Dudelsackpfeifer«			

□□ nicht mehr oder nicht feststellbare Nummern

Bildquellenverzeichnis